Ensayos InterAmericanos

Volumen 5

Editores | Herausgeber

Wilfried Raussert
Center for InterAmerican Studies, Universidad de Bielefeld
Olaf Kaltmeier
Center for InterAmerican Studies, Universidad de Bielefeld

Albert Manke

Haciendo frente a la discriminación y a la exclusión

Las experiencias de migrantes chinos libres en las Américas desde una perspectiva transregional y diacrónica

kipu Verlag

Center for InterAmerican Studies

Haciendo frente a la discriminación y a la exclusión
Las experiencias de migrantes chinos libres en las Américas desde una perspectiva transregional y diacrónica.

Autor: Albert Manke
Ensayos InterAmericanos, Vol 5
Bielefeld: Kipu-Verlag, 2020

Print ISBN: 978-3-946507-49-9
E-Books ISBN: 978-3-946507-50-5

SPONSORED BY THE
Federal Ministry of Education and Research

Diese Publikation wurde unter Verwendung der vom Bundesministerium für Bildung und Forschung (BMBF) bereitgestellten Mittel veröffentlicht.

Cover Image: Maria Tomeczek

Kipu-Verlag
c/o
Center for InterAmerican Studies (CIAS)
Universität Bielefeld
PF 101131
33501 Bielefeld, Deutschland
http://www.uni-bielefeld.de/cias/

Contenido

> Cuando inicialmente fuimos favorecidos con las invitaciones de sus capitanes de navío para emigrar a California [...], difícilmente podíamos haber calculado que ahora íbamos a ser los objetos de su odio excesivo [...].
>
> Cada nación bajo el cielo se burla de ustedes. Por lo tanto los chinos no somos los únicos que sufren, sino que de este modo las bendiciones se pierden para su propio país.
>
> —*Pun Chi en Speer (1870, 596; 602)*

Introducción[1]

Xenofobia y racismo son fenómenos de relevancia actual y preocupante, sobre todo en los Estados Unidos y en Europa. Con frecuencia, se manifiestan como odio contra inmigrantes no deseados, y esta aversión suele ser justificada con razones que según el discurso público de corte populista se encuentran en los migrantes mismos y no en los que practican la agresión y el rechazo hacia ellos. Prejuicios basados en una supuesta diferencia o inferioridad cultural, étnica o religiosa constituyen el caldo de cultivo para dinámicas de discriminación y exclusión que no solamente hieren los derechos humanos de inmigrantes sino dañan igualmente las sociedades receptoras y sus economías. Políticas represivas de "tolerancia cero" o "mano dura" contra inmigrantes producen una criminalización de inmigrantes que a su vez sigue fomentando el aumento de la xenofobia y del racismo. En este sentido, cuando el presidente de EEUU, Donald Trump, calificó al coronavirus como "virus chino" y "virus extranjero" (Shoichet 2020) el 10 de marzo del 2020, las denuncias de su postura xenófoba y racista fueron múltiples: "Hemos tenido muchos ejemplos de esto en el pasado. Es alucinante que esto todavía siga" (ibíd.), constató la historiadora Nükhet Varlık de la

1 Este ensayo está basado en literatura y fuentes previamente publicadas. Su objetivo es servir de marco preliminar para mi proyecto de investigación actual en la Universidad de California, Berkeley. Trata de redes de migrantes chinos y estrategias de resistencia en las Américas durante la era de exclusión y hará uso de fuentes de archivos nuevamente adquiridos como las de sociedades chinas secretas.

Universidad de Rutgers. Resulta revelador que Trump utilizara esta denigración en un tuit para reforzar la supuesta necesidad del muro en la frontera con México (Itkowitz 2020), lo cual evidencia la conexión interamericana y transpacífica cuyas raíces históricas las vamos a examinar en este ensayo.

Durante la Guerra Fría se ha podido observar una reducción de políticas y prácticas racistas y xenófobas en los países desarrollados, tanto dentro de las sociedades como a la hora de diseñar regímenes de migración. Sin embargo, desde los años 1990 constatamos un nuevo auge de actitudes racistas y xenófobas que hoy en día son acompañadas por políticas populistas de derecha y extrema derecha. Estas tendencias tienen un impacto directo en la formulación de políticas migratorias excluyentes y en una renovación y profundización de estructuras de discriminación xenófoba ya existentes. Potenciadas por el auge del neoliberalismo, la creciente desigualdad y las crisis económicas, estas actitudes propician que el contacto con nuevas generaciones de inmigrantes huyendo de condiciones de vida insoportables se convierta en un choque cultural, produciendo cada vez más enajenación entre las personas.

Se está prestando cada vez más atención al auge de la xenofobia, del racismo y del populismo, a la vez el problema de la discriminación contra migrantes se entrelaza con la cuestión social y el declive de las condiciones de vida en los países de origen en un mundo globalizado (Faist 2018; McLeman, Schade y Faist 2016).[2] Para contrarrestar esta dinámica preocupante y frenar la espiral del odio xenófobo han surgido diversas propuestas. Una de ellas es la creación de una red global para obtener un marco operativo que permita formular políticas contra la xenofobia a la hora de diseñar regímenes migratorios (Achiume 2018).

---

2 Además, se estudian tres vertientes importantes que contribuyen a un recrudecimiento de las condiciones de vida y aceleran la aversión contra inmigrantes: la desigualdad económica (tanto en las sociedades de origen como en las de destino), el cambio climático y los conflictos armados (o niveles de violencia elevados).

Mientras hoy existen organizaciones internacionales como la Organización de Naciones Unidas que tienen el poder de elevar la conciencia sobre problemas de este tipo y de ejercer cierto nivel de presión sobre gobiernos de países que no cumplan con sus promesas al respecto, en el siglo XIX todavía no existían mecanismos semejantes. El abuso de inmigrantes representaba cuanto más un problema bilateral entre dos estados, y solamente recibía atención cuando los sucesos afectaban gravemente las relaciones internacionales. Sin embargo, como McKeown mostró para aquel período, la aplicación de políticas de control de poblaciones y exclusión de migrantes podían tener consecuencias para la creación de regímenes de la frontera a nivel global:

> Un sentido de crisis está impregnando las discusiones públicas sobre la migración, tanto ahora como durante los dos siglos pasados. Parece que nunca se terminan […] las historias de sufrimiento, éxito y sueños de migrantes, cálculos econométricos, ajustes de políticas, coaliciones extrañas, consecuencias accidentales, interpretaciones irracionales y polémicas intransigentes que son la materia prima para estas discusiones. Este material se trabaja para convertirlo en incontables argumentos polémicos sobre las virtudes, los vicios, la capacidad para asimilarse y las contribuciones de inmigrantes, sobre el alcance y el significado de derechos, las obligaciones del asilo y la naturaleza de la comunidad nacional. [...] Sin embargo, desde la perspectiva de los últimos doscientos años, los argumentos sobre la migración parecen soporíferamente familiares. […]
>
> Algunas de estas tendencias más notables (y potencialmente reversibles) son el declive de [los conceptos de, A.M.] casta, sangre, raza y pruebas de dictado discrecionales como modos legítimos de exclusión, el auge de control remoto y la proliferación continua de preferencias basadas en la ocupación laboral y la riqueza como categorías favorecidas de selectividad. A lo largo y ancho, esto se puede ver como un cambio de atributos a un cambio de logros que forman la base para la selección, esto último siendo un modo más aceptable de discriminación en un mundo meritocrático. (McKeown 2008, 349-350)

En estas palabras, que forman parte de la conclusión de su libro *Melancholy Order: Asian Migration and the Globalization of Borders*, McKeown hace énfasis en las continuidades de los discursos sobre inmigración, inclusión y exclusión desde el siglo XIX hasta hoy. Sus últimas observaciones sobre la situación actual, publicadas en el año 2008, ya se ven cuestionadas hoy en día por las políticas hacia migrantes abiertamente racistas propagadas por los actuales gobiernos de los Estados Unidos, Brasil y varios países europeos. Partiendo de observaciones de este tipo se puede trazar una línea de comparación diacrónica entre dinámicas de discriminación contra inmigrantes hoy y hace casi doscientos años atrás. Por lo tanto, creemos pertinente el objetivo de remontarnos con este ensayo a los orígenes del establecimiento del control de la migración libre e identificar incidencias de exclusión hacia inmigrantes.

Como los primeros en verse afectados fueron los inmigrantes chinos, los tomaremos como ejemplo para describir circunstancias de exclusión y xenofobia en las Américas, y algunas de las estrategias que desarrollaron para hacer frente a estas dinámicas. Con esto queremos apuntar a las agresiones y a la discriminación estructural con que estos inmigrantes se vieron confrontados sin ellos haber formado parte de los movimientos de expansión agresivos de los conquistadores europeos y sus homólogos estadounidenses contra los pueblos indígenas. Además queremos resaltar algunas incidencias de resistencia y empoderamiento que nos parecen formar parte de estructuras de resiliencia que desarrollaron estos grupos al verse perseguidos y excluidos tan severamente. Esto constituye una contribución necesaria y puntual que conecta con los estudios actuales sobre migración, racismo y exclusión en las Américas y más allá.

Se verá que tanto acción local como redes transnacionales jugaron su papel tanto en las dinámicas de exclusión como en las estrategias para hacer frente a la misma, con lo cual este ensayo obtendrá un enfoque genuinamente interamericano sobre procesos de exclusión y (en menor grado) resistencia a través de los retos que tuvieron que enfrentar comunidades chinas en las Américas. La aplicación de este enfoque diaspórico ubica a las comunidades chinas en varias regiones de las Américas donde crean espacios que se solapan, interactúan y se influencian mutuamente, lo cual puede contribuir a un entendimiento más amplio de las Américas como espacio interconectado y entrelazado.

Como marco temporal creemos que es pertinente comparar principalmente dos grandes ciclos de la migración libre de chinos a las Américas y su exclusión: la que tuvo lugar a las Filipinas (entonces bajo el dominio colonial español) durante la Edad Moderna europea (sobre todo entre 1571 y 1639), y la que se efectuó a los Estados Unidos, Canadá y varios países latinoamericanos en la Edad Contemporánea, sobre todo entre 1850 y 1943. Reconocemos la gran importancia de la migración forzosa y los múltiples abusos contra esclavos y otros migrantes coercidos a trasladarse en contra de su voluntad. Sin embargo, no nos detendremos apenas en analizar este tema bien estudiado, ya que nos interesan sobre todo las dinámicas discriminatorias que se desarrollaron en torno a la migración voluntaria de migrantes "no blancos" y a su encuentro con migrantes de origen europeo en las Américas. Aun así, antes de analizar la migración libre en la Edad Contemporánea, esbozaremos brevemente la migración de tipo semi-libre de trabajadores contratados asiáticos – los llamados 'culíes' – durante el siglo XIX. Para esta periodización nos apoyamos en la observación de Eltis según la cual la migración forzosa durante unos dos siglos (él toma los años 1630 a 1830 como marco) "era con creces el régimen más dominante bajo el cual ocurrieron movimientos de poblaciones" (2004, 314). Invirtiendo este punto de vista, podemos concluir que antes y después de este período la migración a las Américas era mayoritariamente libre. Partiendo de estas observaciones, confeccionamos esta tabla:

Tabla 1[3]

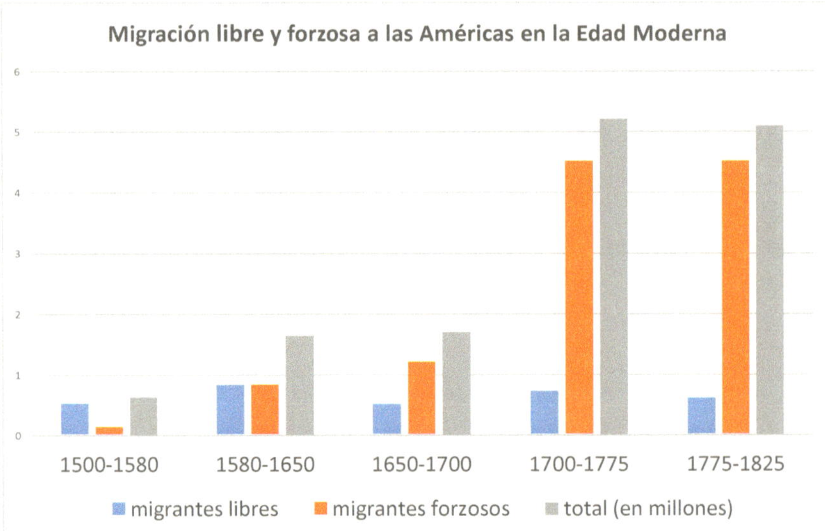

3 Aproximación gruesa a base de datos tomados de Lucassen y Lucassen (2009, 355, para el período de 1500 a 1800), Zeuske (2013, 457) y Eltis (2004, 315). Se combinaron las categorías de 'contratados' y 'coercidos' de Eltis en la categoría 'migrantes forzosos'). No está incluida la migración asiática libre.

1. Migración, exclusión y estrategias de resistencia

Desde el comienzo de la expansión europea en las Américas, África y Asia, conquistadores y colonizadores europeos aplicaban prácticas de control social, económico y político que resultaban en discriminación, exclusión y exterminio. Mientras en las Américas también se formaban alianzas con pueblos indígenas y tuvieron lugar procesos de mestizaje importantes, las jerarquías sociales generalmente se basaban en prejuicios xenófobos y racistas que se basaban en ideas de superioridad étnica y cultural. Este proceso que facilitaba la explotación de las poblaciones indígenas se vio reforzado y renovado por la trata de esclavos africanos y la esclavitud hasta su abolición en el siglo XIX. Como bien observaron Rediker, Pybus y Christopher con respecto a las causas de la migración forzada para suplir el sistema de extracción esclavista, "[…] el auge del capitalismo a partir de finales del siglo XVI forzó a millones de personas expropiadas a hacer pasajes del medio [i.e. cruzar el Atlántico] desde Europa y África a las Américas" (2007, 2).

Con el auge de los estados nacionales, en varias de las nuevas repúblicas comenzó a desarrollarse un doble mecanismo: por un lado surgió el objetivo de formar poblaciones que étnicamente se acoplaban a las ideas racistas de las élites de origen europeo y por otro lado se apuntaba hacia creación de una 'nación' donde una parte creciente de la población iba obteniendo derechos civiles y de ciudadanía. Este proceso de inclusión en la república en su sentido original de *res publica* comenzó con las revoluciones burguesas, las guerras de independencia y el auge del liberalismo que gradualmente iba abriendo el acceso al poder político y económico a grupos anteriormente relegados a ser meros sujetos coloniales. Aun así, el derecho de pertenecer a la nación naciente y de participar en la vida política y pública se regulaba a base de marcadores de etnicidad, idioma, nacionalidad, género, estatus social, edad, nivel educacional y otros.

La creación de la nación y su apertura para unos a la vez significaba que se cerraba el acceso para otros. En varios países de las Américas, la inmigración representaba un factor sumamente importante para el proceso mismo de la creación de la nación. Pero en este proceso durante el cual se empoderaron nuevos sectores de la sociedad como la clase obrera, percepciones de competencia e ideas de odio comenzaron a salir a flote. Cuando éstos se compaginaban con ideas de superioridad étnica plenamente establecidas en buena parte de la sociedad, el resultado eran prácticas de discriminación, exclusión y persecución que se basaban en xenofobia, odio racial y el aprovechamiento de la falta de protección de los grupos e individuos afectados.

El primer grupo de migrantes que sufrió las consecuencias de este proceso y de estas actitudes fueron los inmigrantes chinos. Ya en la parte asiática del imperio colonial hispano, no solamente la población indígena, sino también chinos y otros asiáticos que migraban hacia allí en busca de oportunidades económicas tuvieron que enfrentar prácticas de discriminación y exclusión. Durante el período del Galeón de Manila que unía las Islas Filipinas al resto de las colonias hispanoamericanas durante más de dos siglos, la comunidad china en Manila repetidamente tuvo que sufrir persecuciones severas. Pero una y otra vez, esta comunidad económicamente exitosa se fue recuperando, desarrollando estrategias para sobrellevar múltiples formas de discriminación y exclusión. En la segunda mitad del siglo XIX y durante las primeras décadas del siglo XX, un proceso similar tuvo lugar con los migrantes chinos libres que llegaron a los Estados Unidos, Canadá y México en busca de una vida mejor.

En otras partes de las Américas también hubo dinámicas de exclusión y discriminación contra asiáticos, tanto dentro del sistema de la contrata cuasi-esclavista de "culíes" como fuera del mismo. Dos puntos tristemente culminantes de las dinámicas de exclusión fueron la Ley de Exclusión de Chinos (*Chinese Exclusion Act*) aprobada en 1882 por el gobierno federal de los Estados Unidos y la campaña antichina en varios estados del norte de México que se llevó a cabo en torno a la Revolución Mexicana. En los Estados Unidos, la ley antichina no solamente inauguró la época de la exclusión para asiáticos que iba a durar hasta 1943, sino que marcó las pautas para controlar el acceso de todos los inmigrantes ante el trasfondo de un paradigma racista que se mantenía oficialmente vigente hasta la aprobación de la Ley de Inmigración y Nacionalidad en 1965. Además, esta política sirvió como ejemplo a seguir a la hora de diseñar regímenes migratorios en varios países latinoamericanos (sobre todo en Argentina, Brasil y Cuba) y otros como Canadá y Australia donde se practicaban el colonialismo de población (*settler colonialism*) y políticas de blanqueamiento.

Este ensayo pone una mirada interamericana y transpacífica en procesos históricos de discriminación y exclusión de migrantes en las Américas que se basaban en prejuicios racistas y xenófobos. Centrará su enfoque en políticas migratorias e incidencias de negociación de pertenencia en varias sociedades de las Américas, haciendo resaltar dinámicas discriminatorias en su dimensión diacrónica. Como chinos y (más tarde) otros migrantes asiáticos fueron los primeros en las Américas que tuvieron que hacer frente a estas prácticas y políticas excluyentes, centraremos el foco en este grupo en particular sin perder de vista que estas dinámicas se extendían a otros grupos. Si bien nos remontaremos a ejemplos del imperio colonial hispano, ahondaremos principalmente en la era de la exclusión que va aproximadamente desde la segunda mitad del siglo XIX hasta mediados del siglo XX, período en el cual la discriminación de chinos fue especialmente dura y extendida.

Proponemos como hipótesis que la inmigración de personas consideradas étnicamente, religiosamente y culturalmente inferiores por las élites (y otras clases) de las sociedades receptoras no solamente se aceptaba sino que su traslado a las Américas se promocionaba enérgicamente mientras se pudiera controlar a estos inmigrantes y explotar su productividad laboral. Es decir, creemos que mientras eran traídos en condición forzada como esclavos africanos o como "culíes" asiáticos contratados (mediante contratos engañosos), contaban con la bienvenida de las élites que se beneficiaban de su rendimiento. Esto se debía a la lógica explotadora y extractivista que requería de mano laboral barata y obediente para maximizar las ganancias, para lo cual los subyugaba a condiciones de vida sumamente crueles.

Pero en el momento en que estos individuos querían inmigrar a las Américas por su propia voluntad en busca de una vida mejor, a menudo sólo eran aceptados mientras cumplían con las expectativas de los grupos dominantes en las sociedades receptoras. Cuando tenían demasiado éxito económico en cierto sector o cuando trataban de ocupar espacios sociales que no se les concedía, con frecuencia corrían peligro de sufrir discriminación, persecución y hasta la muerte. En esto, les tocaba una suerte parecida a la de los que lograron liberarse del yugo de la esclavitud o (en el caso de los "culíes" contratados) de los que cumplieron con su contrato y eran libres.[4] Pensamos que a la hora de inmigrar por su propia voluntad, inmigrantes "no blancos" en las Américas estaban muchos más expuestos al peligro de sufrir discriminación y persecución que inmigrantes "blancos". Por ende, creemos que existe una correlación entre movilidad, libertad y etnicidad. Esta correlación atañe tanto a inmigrantes libres como a esclavos libertos y "culíes", por lo menos durante la época de la exclusión. Por lo tanto, un análisis de la discriminación contra chinos en las Américas tiene que tener en cuenta las dinámicas de control laboral, movilidad y etnicidad que se manejaban ante el trasfondo de actitudes racistas y xenófobas. Esto servirá para comprender mejor las dinámicas de discriminación que sufrieron y siguen sufriendo inmigrantes considerados "no blancos" hasta hoy en día en los Estados Unidos, Europa y otras partes del mundo.

Si el primer objetivo de este ensayo es la descripción de dinámicas de discriminación y exclusión de inmigrantes chinos en las Américas, el segundo es darles visibilidad a las estrategias que muchos de

4 Más abajo ahondaremos con más detalle en la discusión sobre posibles definiciones de "libre" y "forzado". De antemano se puede decir que los grados de libertad son un marcador importante no solo para observar el tránsito del trabajo forzoso al trabajo asalariado, sino también para observar la correlación entre el control que las élites ejercían sobre la fuerza laboral y el control de la inmigración. En este sentido, parece que también existe una correlación entre el auge del trabajo libre en las Américas y la discriminación de inmigrantes libres cuyo éxito laboral era visto con recelo por parte del movimiento obrero.

ellos lograron desarrollar para hacer frente al odio inmediato y a la exclusión estructural. Por ende, en este ensayo no nos conformaremos con describir las incidencias de xenofobia y racismo, sino que trataremos de hacer hincapié en las múltiples formas de contrarrestar estos fenómenos, ya sea por medio de resistencia, de organizaciones y redes de ayuda mutua.

El tratamiento de chinos y otros inmigrantes asiáticos en las Américas que los confrontaba con múltiples mecanismos de control, discriminación y exclusión por parte de autoridades e individuales de la Corona Española y las jóvenes repúblicas latinoamericanas y norteamericanas parece recorrer los siglos como un hilo conductor. Por un lado, esto nos invita a estudiar de qué regulaciones legales dependían las estrategias y prácticas migratorias. Por otro lado, deberían de investigarse las formas de acción translocales y transregionales que desarrollaban estos migrantes que influyeron la negociación de las prácticas de pertenencia y los procesos de construcción de los estados-nación.

Un aspecto interesante es que ciertos patrones para la justificación de prácticas discriminatorias parecen haberse repetido una y otra vez. Abundan estereotipos como la competitividad económica de los chinos, su supuesta falta de capacidad para adaptarse a la cultura de origen europeo y adscripciones de rasgos raciales degenerados, de un carácter pervertido o de ser portadores de enfermedades contagiosas. Contrastando con esto, comunidades de inmigrantes chinos con frecuencia desarrollaron un alto grado de resiliencia, de adaptación a las condiciones locales, de comprensión de mecanismos de organización social, política y económica, de organización de asociaciones de ayuda mutua y de la voluntad de adaptarse social y culturalmente, lo cual podía conducir a la adopción de nuevas religiones, nacionalidades y culturas. Ya en tiempos de la colonia podemos encontrar ejemplos de exclusión y adaptación, de lo cual tratará el siguiente capítulo.

2. El período del Galeón de Manila: Chinos y españoles en las Filipinas

Con el comienzo de la expansión ibérica podemos observar una continuidad y transmisión de las prácticas de la Reconquista (que en el caso de la Corona Española se terminó en el año 1492 con la toma de Granada) a las Américas. Para comprender mejor los orígenes de las prácticas de control, violencia y exclusión que se iban a aplicar en las futuras colonias, merece la pena remontarse brevemente a la transmisión de conceptos que hoy denominaríamos racistas de la Edad Media europea a la época de las exploraciones, conquistas y primeras colonizaciones europeas en las Américas.

En la España medieval, conceptos y prácticas de discriminación ya existentes se reformularon en el concepto de la "limpieza de sangre".[5] Este concepto surgió a raíz de la inculpación y persecución de los judíos que tuvo su primer gran auge paneuropeo con el brote de la peste en los siglos XIII y XIV. Después de haber servido como chivos expiatorios, muchos judíos tuvieron que convertirse a la fe cristiana pero se sospechaba que seguían adhiriéndose a su fe, por lo cual a estos conversos o cristianos nuevos se les tachaba de "criptojudíos". Por lo tanto, el concepto de la "limpieza de sangre" los cristianos viejos lo aplicaban para diferenciarse de los conversos. Según Martínez, los conceptos de raza, casta y linaje que salían a flote en este proceso fueron usados durante la Reconquista española en contra de conversos judíos y musulmanes y luego transferidos a las Américas, donde fueron adaptados a las condiciones locales durante los procesos de conquista y colonización (Martínez 2008, 28 y pássim).[6]

---

5 Según Bruns, el término 'raza' comenzó a usarse en las lenguas romances en el siglo XIII, y de forma más frecuente a partir del siglo XVI (2013, 213).

6 Véase también Zúñiga (1999) y para una bibliografía del tema 'conversos' Montes Romero-Camacho (2008).

Con esto, también fueron creadas nuevas visiones del "otro" (Todorov 2010) que tenían su origen en conceptos de aversión contra lo otro en la Edad Media, sobre todo por parte de cristianos en Europa y el Mediterráneo contra musulmanes durante las Cruzadas y en la Reconquista. En su excelente introducción a un volumen sobre la expansión del espacio global y la percepción de lo extraño desde la Edad Media hasta la Edad Moderna, la historiadora medievalista alemana Kerstin Hitzbleck advierte que mientras "lo extraño" (*das Fremde*) en el sentido de algo desconocido todavía es "una categoría neutra de la incomprensión", hay que diferenciarlo de "lo otro" (*das Andere*) que ya incluye cierto nivel de comprensión, por lo menos desde el punto de vista del que percibe (2015, 6). Ya "la calificación como extraño forma parte del proceso de conocimiento y apropiación que pone en relación lo que hasta ahora no era conocido con lo familiar, y con esto lo hace descriptible y concebible" (ibíd., 5). Sin embargo, "lo que se describe como extraño se incluye en la percepción del mundo del observador, pero evade la apropiación [...]. En esta relación, no es posible que el observador se encuentre con su propio ser. [...] La decisión por la inclusión y la exclusión se efectúa por parte del que observa" (ibíd., 6). Aquí tenemos una visión del proceso de la creación de la otredad por parte del sujeto que observa, pero no del observado. Se trata, pues, de una perspectiva unidireccional, no de un proceso de transculturación y aprendizaje mutuos que caracteriza cualquier contacto e intercambio culturales. Por lo tanto, no resulta sorprendente que estos conceptos racistas formaran parte del ideario hispano a la hora de conquistar las Islas Filipinas en el siglo XVI.

Entre 1565 y 1571, las Islas Filipinas fueron conquistadas por conquistadores liderados por Miguel López de Legazpi y agregadas al Virreinato de la Nueva España como Capitanía General de Filipinas,[7] a la que también iban a pertenecer Guam, las Islas Carolinas, las Palaos y las Islas Marianas. Con la conquista e incorporación de estas

---

7 Según Valladares, las Filipinas actuaban "como una subcolonia de Nueva España" (2001, 36).

Indias Orientales a las Indias Occidentales, el imperio hispano en las Américas, comenzó una nueva dinámica. Esta expansión a Asia significaba el contacto con culturas y potencias que no se podían conquistar, sobre todo los grandes imperios China y Japón. De ahí que las Filipinas en general y Manila en particular se convirtieran en un espacio fronterizo del imperio colonial español. En esta zona de contacto no solamente interactuaban españoles y las diversas etnias filipinas, sino también irrumpieron chinos en números significantes que se dedicaban sobre todo al comercio.

Esto se debía al establecimiento de una ruta marítima permanente entre Manila y Acapulco a través del Galeón de Manila (o Nao de China) y al establecimiento de un comercio transpacífico intenso entre el virreinato novohispano y el imperio chino. La plata novohispana con la cual los españoles les compraban seda y prendas preciosas, porcelanas, especias y otros objetos a los comerciantes chinos (sobre todo provenientes de la provincia Fujian en el Sureste chino) era muy cotizada en toda Asia. Según Cano Borrego, la plata constituía "la base del comercio con China, Japón, la India y las grandes islas del archipiélago indonesio. Los reales de a ocho españoles eran aceptados prácticamente en todos los puertos de Oriente" (Cano Borrego 2016, 101). Manila pronto se convirtió en un mercado de importancia global, y los que hacían el gran negocio eran españoles y chinos, no los filipinos.[8] Mientras comerciantes novohispanos garantizaban el comercio transpacífico,[9] los comerciantes chinos (principalmente comunidades *hokkien* de Fujian) aprovecharon las rutas de

---

8 Con "filipinos" me refiero a la gran mayoría de los habitantes de las Filipinas, los indígenas en aquella época, a los cuales los españoles llamaban "indios", que hoy en día en muchos países tiene un significado peyorativo. A finales del siglo XVIII, "filipino" significaba criollo nacido en el archipiélago de padres españoles (García de los Arcos 1999, 57).

9 Este conectaba con redes interamericanas que conectaban Acapulco con la Ciudad de México, Puebla y Veracruz (y desde allí con el Caribe y España, y con el puerto limeño de Callao, desde donde mercancías e individuos llegaban hasta las partes más distantes del Virreinato del Perú (Bonialian 2012). A finales del siglo XVI incluso existía brevemente una

comercio marítimo ya establecidas en el Nanyang o mar de la China Meridional entre Manila, China y el Sureste Asiático (T'ien 1989; Wang 1990; Lin 1990), especialmente a partir de 1580: "Cuando en 1580 se unieron las coronas ibéricas, Manila se integró en una red comercial que conectaba los puertos hindúes de Goa y Diu con los de Malaca, Formosa y el emporio de Macao" (Cano Borrego 2016, 101). Y Valladares añade: "Gracias a [los dominios portugueses en África, el Golfo Pérsico, la India y China] [...] la Monarquía Católica pudo desplegar sus temidas alas de universalidad y dejar patente que, en palabras de Lope de Vega, 'el mundo se puede andar por tierra de Felipe' [II]. [...] Era Asia la posesión más exquisita de la corona" (2001, 2).[10] La conexión entre las redes comerciales ibéricas y las asiáticas alcanzó un significado global entrelazando a Europa con Asia y las Américas y el galeón de Manila iba a seguir facilitando el flujo de personas, mercancías e ideas durante un cuarto de milenio.[11]

Una imagen que representaba el imperio español como cabeza y reina de Europa con sus posesiones en las Américas y en Asia llegó a ser plasmada en el siglo XVIII en la obra maestra *Aspecto Symbólico del Mundo Hispánico* (1761) del grabador filipino Laureano Atlas.[12] La podemos apreciar en la página que sigue.

---

conexión directa entre Manila y Callao (Ruiz-Stovel 2009, 54), y también a principios del siglo XVII (Vega Loyola 2017). Para la historia del Galeón de Manila véase por ejemplo Yuste López (2007), Valdés Lakowsky (1987), Bonialian (2014), Bjork (1998), Flynn, Giráldez y Sobredo (2001), Schurtz (1992).

10 Cita en Valladares tomada de Lope de Vega (1618. "La octava maravilla," 155. En *Décima parte de las comedias de Lope de Vega*. Barcelona, s.l.).

11 Para la historia de las Filipinas como colonia española véase por ejemplo Elizalde, Fradera y Alonso (2001).

12 Era para ilustrar la obra *Theses de Mathematicas, de Cosmographia e Hidrographia* de Vicente de Memije. El título completo de la ilustración es *Aspecto simbólico del mundo hispánico puntualmente arreglado al geográfico que a su glorioso católico rey D. Carlos Tercero el Magnánimo dedica y consagra don Vicente de Memije con IX theses y XC proposiciones que acerca de él defiende* (García Encina 2016, 222). Para un

Laureano Atlas, *Aspecto Simbólico del Mundo Hispánico*, Manila 1761. Dominio público (CC BY 4.0).[13]

---

análisis de la obra véase ibíd., Morales Martínez (2016) y Díaz-Trechuelo (1962, 297-298).

13 Ilustración de *Theses Matemáticas de Cosmographia, Geographia y Hydrographía* de Vicente de Memije. https://upload.wikimedia.org/wikipedia/commons/4/47/Laureano_atlas-aspecto_simbolico_del_mundo_hispanico.png. Véase también Morales Martínez (2016, 686).

La imagen alude a las representaciones de Europa Regina populares en la era de la expansión del imperio español bajo el control de la casa de Austria, como se puede apreciar en los grabados de varios artistas cartógrafos publicados en el siglo XVI (Bruns 2017; Schmale 2004). En todas las obras la cabeza de la reina con su corona representa a España y Portugal. Pero mientras en las versiones del siglo XVI que personifican a Europa su cuerpo se dirige hacia oriente, la obra de Laureano Atlas se orienta hacia occidente, dirigida a las posesiones españolas en ultramar y comprendiendo un imperio que se estrecha desde Europa hasta el otro lado del mundo. Ambas personifican una ambición imperial eurocéntrica, pero con una orientación contraria, y la versión filipina, hecha para impresionar al rey Carlos III de la casa de Borbón, con un alcance global.

2.1. Las Filipinas como eje del comercio global y espacio de conflictos, siglos XVI y XVII

Como ya mencionamos, las Filipinas se convirtieron en un espacio fronterizo del imperio español,[14] y a la vez en un espacio de contacto e intercambio transculturales, lo cual pronto iba a resultar en choques entre españoles y otros grupos de interés, principalmente los chinos.[15] Las visiones del "otro" que configuraban la forma de la cual los españoles percibían a los pueblos asiáticos estaban condicionadas por los hábitos y experiencias de exclusión contra judíos y musulmanes que habían adquirido en la Reconquista en Europa y contra indígenas en la conquista de los territorios americanos. Según Tremml-Werner, estas percepciones fueron "incentivadas por una construcción

[14] Tamar Herzog (2015) concibió espacios fronterizos imperiales como resultado de procesos de negociación territoriales y sociales, Rahn Phillips (2007) analizó el imperio español bajo el aspecto de las conexiones marítimas del siglo XVI al siglo XVIII, y Matsuda (2012) conceptualizó el Pacífico como espacio transcultural y descentralizado. Para un acercamiento al concepto de espacio de la Cuenca del Pacífico véase Dirlik (1998), para el concepto de transculturación Pratt (2008).

[15] Para el concepto de zonas de contacto véase Windus y Crailsheim (2013).

intencional de otredad de opositores religiosos y una desazón hacia diferencias obvias de tipo cultural, político y moral" (2015, 83). Estas imágenes de "lo otro" facilitaban y acompañaban la ejecución de las "varias agendas políticas" (ibíd.) que servían, siendo la más importante la expansión imperial e ideológica (la propagación de la fe cristiana). Mientras en el imperio romano y el imperio chino, la ideología se basaba en el concepto de la superioridad de su civilización, en el caso español la "noción de superioridad cristiana y el autoengrandecimiento eurocéntrico" (ibíd.) impulsaban su ímpetu expansionista y moldeaban sus relaciones con "lo otro".

Chu matiza que los patrones de discriminación, persecución y exclusión contra judíos y musulmanes en Europa llegaron a configurar actitudes y prácticas españolas contra los chinos (Chu 2010, 55, nota 5). Y hay que añadir que estas actitudes también se dirigían contra un grupo importante en islas del sur de las Filipinas, los *moros*, que eran musulmanes que sobre todo vivían en Mindanao y Joló (Phelan 2011; Warren 2007). En la misma época, los portugueses los consideraban formar parte de "las llamadas 'razas infectas': judíos, moros y negros" (Valladares 2001, 15). La Corona Española organizaba expediciones para "*castigar*, *reprimir*, *refrenar*, *proseguir* [y] *contener*" a los que calificaba como piratas que los acosaban por mar y por tierra en prácticamente todas las partes de las Filipinas (Mallari 1989, 412, cursiva en el original). El comercio entre china y Manila fue facilitado en 1567, justo cuando se estaba llevando a cabo la conquista de Filipinas por los españoles. Antes, el Imperio Chino había mantenido una política estricta de negar el acceso al mar para contrarrestar el contrabando y la piratería, la llamada política de "*Haijing*, literalmente 'prohibición del mar'" (Ollé 2013, 314, cursiva en el original). De hecho, esto corresponde a las políticas de control de la migración prevalecientes en aquella época en Europa:

> Durante la Edad Moderna, bajo las condiciones de escasez demográfica que prevalecían, la adquisición y retención de capital humano para la producción económica era una fuente fundamental de poder para los estados europeos mercantilistas y belicistas; desde esta perspectiva, la forma de control más importante incumbía al

> movimiento hacia afuera. Por lo tanto, la emigración no autorizada era equivalente a la traición y punible con la muerte o la esclavitud. (Zolberg 1999, 82)

Para los españoles, Manila no solamente era la puerta a China y Japón, sino el "entrepôt" (Cheong 1971) por excelencia de este espacio de encuentros y entrelazamientos. Con su ejemplo se puede hacer resaltar el alcance, los límites y las contradicciones de los intentos de regulación y exclusión de la corona española hacia inmigrantes chinos que por los españoles eran llamados *sangleyes*. Esta palabra en aquella época probablemente provenía de la expresión china *shanglai* 商来 que significaba 'los venidos a comerciar', o *sengli* 生理que quiere decir 'comercio' en el dialecto fujienés, o bien de *changlai* 常来, 'los que vienen con frecuencia' (Ollé 2013, 316, nota 9; Ollé 2013a, 156-157, nota 2). Como lo muestran varios estudios, la cooperación de estos comerciantes fue clave para hacer funcionar el intercambio transpacífico, ya que los españoles no podían acceder directamente al comercio interior de china y sus productos (Ollé 2013a; Albiez, Kauppert y Müller 2007). No solo no dominaban los mares entre Filipinas y China, los españoles tampoco lograron establecerse permanentemente como comerciantes en China, a diferencia de los portugueses.[16]

Hombres de negocio de la provincia Fujian controlaban el comercio entre Manila y Fujian, y el comercio lucrativo con los españoles contribuyó a una inmigración masiva de fujianeses a Manila. Antes de la llegada permanente de los españoles en la década de los años 1560 existía solamente un pequeña comunidad de varios cientos de chinos en Manila. Eran pocos pero prósperos, y de la etnia *hokkien* (De Sousa Pinto 2013, 61). Con el establecimiento del galeón de Manila, en solamente diez años se establecieron 5000 chinos en

---

16 Véase Ollé 2002. Portugal logró esto con Macao. Para su presencia en Asia véase Ptak (1987) y De Sousa Pinto (2013). Russell-Wood (1992) nos brinda una historia de la expansión portuguesa en perspectiva global. Para el encuentro entre China y "Occidente" en general véase Mungello (2009).

Manila, y a comienzos del siglo XVII se estima que este número se había sextuplicado a unos 30000 (Ollé 2013, 315-316), además de más de tres mil japoneses (Cano Borrero 2016, 214). Según Ch'en (1968), en aquella época se contaba a treinta hombres y mujeres de China por cada español o española.[17] Muchos de los que en esta fase inicial se asentaban en Filipinas eran artesanos y minoristas que rápidamente monopolizaban estos servicios, y la mayoría de ellos eran residentes temporales, hombres que pensaban regresar a sus familias en China después de haber logrado el avance socio-económico anhelado. Por lo tanto, esta comunidad no estaba muy marcada por "la estabilidad social [...] que con frecuencia se encuentran entre los colonizadores basados en la familia [...]" (Wickberg 1997, 155).

Como método para controlar a los sangleyes de Manila, ya a principios de la década de los 1580, el entonces gobernador de Filipinas, Gonzalo Ronquillo de Peñalosa, fundó el Parián de Manila, el primer barrio chino de las Américas (Carrillo 2017, 52). Éste se encontraba fuera de la colonia hispana (Intramuros), cuyo Fuerte Santiago dirigía sus cañones hacia este gueto y mercado chino (Alejandrino 2003, 6). Décadas después, en 1641, el gobernador Sebastián Hurtado de Corcuera explicó este procedimiento como forma de control contra revueltas: "Era forzoso cercarlos en su parián para que, con cualquier movimiento, desde los torreones de la muralla se puedan sujetar y no salir a juntarse con los que en las güertas y otras haciendas están trabajando" (Gil 2011, 143, nota 135). Al principio de su fundación le decían alcaicería, pero pronto adoptaron el verbo del tagalo (filipino) *parian* que luego se iba a extender por las Américas como palabra para mercado para comerciar productos de Asia (Sales-Colín Kortajarena 2016, 97). Carrillo nos da cuenta de la diversidad de ocupaciones que representaban sus habitantes chinos:

---

17 Para aproximaciones microhistóricas véase Chia (2006) y Amyot (1973). Para un análisis de las estructuras locales en el Sureste de China véase Ownby (1993).

> Allí vivían mercaderes artesanos, médicos, hortelanos, plateros, bordadores, pescadores, panaderos, albañiles, constructores y gente de muchas otras ocupaciones que rápidamente dominaron la economía local de Manila y los intercambios con Fujian, hasta tal punto que se convirtieron en un apoyo clave a la presencia española en el archipiélago filipino. (2017, 52)

Con frecuencia, las relaciones entre y dentro de los diversos grupos que vivían en las Filipinas estaban marcadas por conflictos. Como Kueh (2014) pudo mostrar, una estrecha colaboración entre españoles y chinos era absolutamente necesaria para el funcionamiento económico del proyecto colonial hispano. Sin embargo, los procesos de negociación entre estos grupos fallaban con frecuencia, y parte de esto se le puede atribuir a que el proyecto colonial en Filipinas no se produjera en las mismas condiciones que en las Américas. Según Ollé, las relaciones entre españoles y chinos resultaron en "un proceso ambivalente, comercialmente muy intenso pero de gran inestabilidad social e institucional, donde la lógica mercantil colisionaba con la lógica misional e imperial española [...]" (2007, 28). Wickberg opina que la tensión entre la necesidad de convivencia y el miedo a revueltas hizo que se produjera "compromiso en la política española entre el interés económico y la seguridad política" (2001, 8). Además, en los primeros treinta años de dominación colonial, los españoles en Filipinas tuvieron que tomar conciencia de "la debilidad real de la posición que goza la colonia española de Filipinas en el contexto asiático" (Ollé 2007, 27), sobre todo a la vista de amenazas de invasión japonesas, holandesas, inglesas y de piratas chinos. Con referencia a éstos últimos, según Folch los españoles "no tenían ni idea del volumen de la piratería en los mares del Sur de China" (2007, 268) que era muy superior al del Caribe. Por lo tanto, cuando el pirata chino Limahon (o Lim Ah Hong, en mandarín Lin Feng) atacó Manila en el año 1574 con una flota de 62 barcos, se sorprendieron sobremanera (ibíd., 270).[18]

---

[18] De hecho, la mayoría de los piratas chinos habían sido comerciantes antes de comenzar con su empresa ilegal. También se puede decir que fuesen

Pronto crecieron las tensiones. En 1593, 250 chinos de Quanzhou que fueron reclutados a la fuerza para servir como remeros en la conquista de las Islas Molucas por el entonces gobernador de Filipinas, Gómez Pérez Dasmariñas, no quisieron contentarse con su destino: la noche del 25 de octubre, los remeros, no estando ya dispuestos a soportar más el tratamiento no acostumbrado y cruel por parte de los capataces, lanzaron un motín, tomaron control del buque insignia y mataron al gobernador y a la mayoría de la tripulación española. Su hijo, Luis Pérez Dasmariñas, tomó venganza con la ayuda de las autoridades de Fujian. Unos meses después llegó una delegación imperial china a Manila, supuestamente en busca de chinos que habían emigrado sin licencia. Esta visita fue interpretada por los españoles como un posible intento de invasión o de reconocimiento (Borao 1998, 24-25), lo cual iba a servir como preludio a lo que iba a pasar diez años después.

Las incertidumbres y la desconfianza de los pocos españoles que gobernaban la colonia resultaron en una reacción mucho más extrema. Se estima que en aquel tiempo frente a unos 30000 chinos sólo vivían unos trescientos españoles en Manila, y en todo el siglo XVII nunca iban a rebasar los 2000 (Carrillo 2017, 53). En 1603, una delegación imperial china llegó a Manila desde Fujian para entrevistarse con el gobernador. Su intención era verificar rumores sobre un legendario monte de oro que se decía existía frente a la bahía de Manila. Según Antonio de Morga, con más de cien hombres y las preguntas extrañas que les hacían, los españoles comenzaron a sospechar otras intenciones. Ya alertas por amenazas de invasión japonesas, comenzaron a fortificar la ciudad y a movilizar tropas y buques de guerra. Sobre todo el clero español sospechaba que en caso

ilegalizados, ya que las medidas represivas contra contrabandistas como la ejecución de los que se emprendían en el comercio costero con extranjeros contribuyeron de manera significante para que tomaran el camino de la ilegalidad (Kung y Ma 2014, 510-511). Las redes informales de comerciantes existían junto a de las formales, a pesar o más bien a causa de las limitaciones estrictas de la política exterior del imperio chino (Ollé 2013, 315).

de una invasión china, la población sangley iba a aliarse a los invasores (Ruiz-Stovel 2009, 48). En vistas de los preparativos militares españoles, los labradores chinos comenzaron a organizar un golpe preventivo como modo de resistencia. Como analiza Kueh, esto se debía al fracaso del esfuerzo mediador de la clase alta y media sangley:

> Cuando los abusos por parte de las autoridades españolas se volvieron insoportables y amenazaban las vidas de los que ellos gobernaban, los intermediarios chinos no pudieron mantener su reivindicación de legitimidad de mitigar las demandas del régimen en representación de los trabajadores chinos y perdieron el control sobre los que se encontraban bajo su supervisión. (2014, 19)

El resultado fue una masacre de dimensiones genocidas que los españoles con tropas auxiliares filipinas y japonesas cometieron entre los habitantes chinos de Manila. Con un estimado de veintitrés mil muertos por la parte de los chinos (Ruiz-Stovel 2009, 48), esta fue la masacre más grande cometida contra chinos emigrados en todo el Sureste Asiático durante toda la época colonial, también si contamos la tristemente conocida de los neerlandeses en Batavia.[19]

Sin embargo, muy pronto miles de fujianeses volvieron a establecerse en Manila. Según Ollé estaban "dispuestos a correr el riesgo de protagonizar la próxima masacre" (2007, 46), y deduce de este hecho que los factores de *push and pull* que motivaban su decisión, específicamente "la presión migratoria en Fujian y el atractivo mercantil de Manila" (ibíd.) eran formidables. Algunos de los supervivientes mantuvieron sus aspiraciones comerciales, aunque fuese por medio de redes económicas informales "que siempre son calificados como 'piratas' por sus rivales" (Ollé 2009, 91). En 1639, la comunidad china había crecido nuevamente a unos 30000 o 33000 (Ruiz-Stovel

19 En la masacre de chinos que cometieron los neerlandeses en 1740 en su colonia Batavia se estima que mataron a 10 mil personas (Dharmowijono 2009, 62; 289-325). Véase también Somers Heidhues (2009); Kemasang (1982). Para el contexto durante las décadas anteriores véase Blussé (1981; 1986, 73-96).

2009, 59; Chang-Rodríguez 2015, 84). En aquel año, trabajadores del campo chinos que habían sido forzados a trabajar en condiciones muy severas marcharon a Manila para protestar. En la ciudad se les unieron chinos locales que protestaron sobre los altos impuestos. En vistas de la revuelta, los españoles volvieron a matar miles de ellos; los estimados oscilan nuevamente entre veinte y veinticuatro mil personas (Chu 2010, 55-56; Sugaya 2007, 51). Solamente diez años después, la comunidad china de Manila nuevamente contaba con 15000 habitantes (ibíd., 56). Otras masacres se dieron en 1662 y en 1686, aunque no de la misma envergadura (Alejandrino 2003, 5).

Como anota Chu, estas formas de persecución y exclusión eran solamente la expresión extrema de prácticas de control y exclusión que desde el inicio acompañaban la política colonial hispana hacia los sangleyes: "Si las expulsiones y los controles estrechos de la actividad económica no reducían o limitaban el número de chinos, entonces se empleaban medios más violentos" (Chu 2010, 55). La normalidad no eran las masacres sino medidas múltiples de control de la movilidad de los chinos y de su labor:

> A causa del miedo y la desconfianza hacia los chinos como resultado de sus experiencias históricas con gentes no hispanas y no cristianas, [los españoles] emitieron varios decretos que requerían la deportación en masa de los chinos. Decretos de este tipo fueron emitidos en 1686, 1744 y 1747. Restricciones en inmigración y regulación de las actividades comerciales e industriales chinas también tenían como objetivo controlar el número de inmigrantes chinos. En 1605, por ejemplo, el número de chinos a quien se les permitía entrar en Filipinas fue limitado a 6000. El comerciante chino también fue gravado con aranceles altos que alcanzaban el tres por ciento del valor de cada cargamento por barco. Además, a los chinos que residían en Filipinas se les requería una capitación de 64 reales u 8 pesos por año. A los no cristianos se les deportaba o restringía en sus movimientos e interacciones con la población local. (Ibíd.)

Era obvio que el control de la población china en las Filipinas constituía una preocupación central de la política colonial, como lo mostraba por ejemplo el "Discurso y parecer en que se demuestra que no conviene que la nación china, que llaman sangleyes, habite ni viva de asiento en las Islas Filipinas."[20] Subrayar la otredad de los chinos parece haber sido una práctica cotidiana, como nos ejemplifican estas palabras de Fray Plácido de Angulo en el siglo XVII, escandalizado por la naturaleza de la cual los chinos se comportan como si fueran iguales a los españoles: "[...] siendo los sangleyes estrangeros, obran y lo pueden todo como si fueran naturales; y los españoles mismos, naturales, ni saben ni pueden hazer nada, como si fueran estrangeros" (Gil 2011, 447). Sin embargo, la ambivalencia entre el ejercicio de este control y la necesidad de los chinos como motor económico de la colonia complicaba la convivencia y dependencia mutua de españoles y chinos. Como los españoles no se empleaban en labores de comercio al menor, y tampoco como trabajadores en la agricultura ni en la minería, las expulsiones de chinos afectaban de forma muy negativa el desarrollo de la colonia y resultaban en crisis económicas (Chu 2010, 56).

Volviendo a poner el enfoque en la convivencia, García-Abásolo advierte en este sentido que "[...] centrar la atención en exceso en las sublevaciones de los sangleyes y en las reacciones consiguientes de los españoles puede perturbar el acercamiento a otra realidad: la que contempla el esfuerzo de ambos grupos por entenderse, con la aceptación convencida de la inviabilidad de una vida separada" (2011, 242). Sin embargo, nos parece que esta visión tiende a desdibujar las diferencias que existían entre las actitudes que los españoles albergaban acerca de los indígenas filipinos y los sangleyes, respectivamente. Mientras veían a los filipinos como súbditos que se podían controlar e integrar por medio de la cristianización, su actitud hacia los comerciantes sangleyes era distinta: construía un "otro" o "extranjero" sospechoso de querer mantener su propia

20 *Juicio del papel escrito en Manila, en veinte y cinco de marzo de mil seiscientos y setenta y siete, sobre que no se permitan de asiento los sangleyes en las Islas Filipinas*, fols. 332-358, Archivo de la Provincia del Santísimo Rosario, Serie B, Sección Sangleyes, Documentos sueltos 1594-1730, por orden cronológico, doc. 30. Archive of the University of Santo Tomás, Manila.

identidad, de no asimilarse totalmente (incluso a pesar de su cristianización) y de representar una competencia socioeconómica que podía apeligrar el control sobre la colonia. En esto, el trato de los sangleyes se parecía al de los judíos y musulmanes en España después de su conversión al catolicismo cuya lealtad cuestionaban (Wickberg 1997, 155).

Pareja de *sangleyes* en Manila, c. 1590. Dominio público.[21]

---

21 "Sangley in Boxer Codex." https://upload.wikimedia.org/wikipedia/commons/3/34/Sangley_in_Boxer_Codex.jpg. La imagen original se puede consultar en el manuscrio conservado por la Universidad de Indiana, también en versión digitalizada: *Sino-Spanish codex (Boxer codex)*, ca. 1590, fol. 204. Boxer mss. II. Indiana University, Bloomington, Indiana.

2.2. Migración asiática transpacífica a la Nueva España continental

La situación en el resto de la Nueva España era bien diferente, y por lo tanto la mayoría de la migración asiática que cruzaba el Pacífico hacia las Américas era de carácter forzoso, como mostró Seijas (2014) para los años 1580 a 1700.[22] Si bien Slack todavía se basaba en estimados de 40000 a 100000 asiáticos que pueden haber llegado de Manila a Acapulco entre 1565 y 1815 (2010, 8), estudios más recientes sugieren un número bastante inferior. Oropeza Keresey calcula que para el período 1565 a 1700 fueron 7200 asiáticos, de los cuales unos 5000 se asentaron en la Nueva España (2007, 188). Seijas ofrece como estimado conservador que en el mismo período fueron transportados por lo menos 8100 asiáticos en calidad de esclavos (2014, 84).

Con esto, se quedaba muy por debajo de la migración forzosa de esclavos africanos: Seijas y Sierra Silva citan (de Palmer)[23] un número mínimo de unos 110000 esclavos de África traídos a la Nueva España entre 1521 y 1639. Incluso después del final del asiento portugués en 1640 – que marcaba el comienzo de la vuelta del complejo de producción esclavista en masa al Gran Caribe (Zeuske 2013, 217) – entraron otros 4500 de ellos hasta finales del siglo XVII (Seijas y Sierra Silva 2016, 310, 312). Aduciendo a la realidad del contrabando y a causa de la falta de más fuentes ya mencionada por Seijas, Carrillo Martín concluye que un total de entre 10000 y 20000 asiáticos (tanto libres como esclavizados) pueden haber cruzado el Pacífico hacia la Nueva España continental entre 1565 y 1815 (2015, 7). De estos *chinos* (un denominador generalizador para todos los asiáticos en la Nueva España continental), Chong estima que no más de 1000 eran chinos libres (sangleyes de Filipinas) (2013, 230-231). El resto

[22] Según la tabla "Figure 2.2 Total Registrations of Asians in Mexico, 1591-1705" (Seijas 2008: 75), dos tercios de los asiáticos que llegaron a la Nueva España eran esclavos.

[23] Palmer, Colin. 1976. *Slaves of the White God: Blacks in Mexico, 1570–1650*. Cambridge: Harvard University Press, sin página.

provenía de las Filipinas y todas las partes del *Estado da Índia* portugués, y en menor cantidad de Japón, Java, China, Papúa y Brunei (Oropeza 2011, 27).

Buena parte de los inmigrantes *chinos* libres formaban parte de las tripulaciones del galeón de Manila. Para el período entre 1565 y 1700 Oropeza estima su número en un mínimo de 3360 entre grumetes y carpinteros (2007, 60-61). Estos *chinos* que ya venían libres junto a los *chinos* manumitidos o liberados del yugo de la esclavitud de otra forma formaron un grupo diverso y fascinante en la Nueva España (Seijas 2014, 143-174). Algunos lograron ocupar posiciones sociales y económicas importantes en la colonia novohispana como alcalde de chinos y barbero (Machuca Chávez 2009; Slack 2010). Sin embargo, a pesar de su deseo de adaptarse "nunca experimentaron una aceptación total por la sociedad española [...]. Además, a pesar de su aculturación los españoles siguieron discriminándolos. A fin de cuentas, permanecía un desequilibrio de poder decisivo" (Seijas 2008, 208). Este desequilibrio no existía dentro de las castas, con las que estos *chinos* formaron comunidades multiétnicas (Chang J. 2016, 36). Sangleyes chinos de clase alta, por su parte, casi solo se desplazaron a Acapulco por razones de negocios.[24]

Por lo tanto, la migración libre de asiáticos entre la parte asiática y la americana del imperio colonial hispano en la Edad Moderna era cuantitativamente poco relevante, aunque parece haber aumentado después de la abolición de la esclavitud de *indios chinos* en la Nueva España a partir de los 1670s (Seijas 2008, 73; Seijas 2014, 227-241).[25] Si consideramos que "la mayoría de los chinos en Filipinas eran libres" (Oropeza Keresey 2007, 40) y que (como hemos visto) en el siglo XVI su número ascendió repetidamente a más de 20000 y

---

24 Véase el caso del fujianés Eng Kang, también conocido bajo el nombre de Juan Bautista de Vera de Manila, que acumuló una fortuna y viajó varias veces a Acapulco (Kueh 2014, 63). Para una visión general del impacto de los sangleyes en el comercio novohispano véase Chong (2013).

25 Esta abolición no se debía a ideales humanistas sino a la presión que ejercían los esclavistas del Atlántico a la Corona Española para acabar con la competencia de sus pares en el Pacífico (Chang J. 2016, 36).

alcanzaba hasta 30000, podemos concluir que los españoles fueron bastante exitosos en impedir el acceso de chinos libres a la parte continental de las Américas.

2.3. Las Filipinas del siglo XVIII: Consolidación, mestizaje y control migratorio

A lo largo del siglo XVIII, gradualmente se iba consolidando la colonia con sus modos de control económico, social e ideológico de los chinos, sobre todo mediante la tributación, regímenes de movilidad, la cristianización y el mestizaje entre chinos y filipinas que facilitaba su asentamiento y asimilación cultural (Wickberg 2001, 9). La cristianización jugaba un papel clave para convertir al grupo étnico de los "sangleyes infieles", considerados los "otros" en la sociedad colonial (tanto con referencia a españoles como a indígenas filipinos), en "sujetos españoles" (Sugaya 2007, 53). Esto incluía el doble proceso de la cristianización de chinos "infieles" y de la expulsión de los que se oponían a la misma. Y aunque aceptaran la fe católica, todavía con frecuencia se les acusaba de ser oportunistas que no practicaban ni interiorizaban la fe cristiana (Escoto 1999, 52). Escoto los compara con los musulmanes en España que se habían convertido al catolicismo, los llamados moriscos:

> La comparación más adecuada para los chinos podrían ser los moriscos. [...] Igual que los chinos, eran considerados indispensables para la economía española pero seguían siendo una minoría inasimilable y representaban un problema mayor para la Corona Española. Se les imponía impuestos demasiado altos, se les discriminaba después de varias rebeliones sofocadas y ellos se volvieron cristianos para evitar la expulsión. También se les acorralaba y recluía en barcos que estaban esperando para transportarlos a África. Su expulsión en masa comenzó en 1609 y concluyó en 1614. De 300000 moriscos, solamente 10000 lograron quedarse en España. (Ibíd, 51)

Detalle de la *Carta hydrographica y chorographica de las Yslas Filipinas* de Pedro Murillo Velarde, grabada por Nicolás De La Cruz Bagay (1734). Cortesía de Library of Congress, Geography and Map Division.[26]

Ya desde 1594 había habido intentos de expulsar a los chinos de Manila, pero cuando llegó la real orden de expulsar a todos los chinos de Filipinas en aquel año, el entonces gobernador Dasmariñas entendía la necesidad "de retener por lo menos a una parte pequeña de chinos para sus servicios económicos" (Wickberg 2001, 10). Para acatar la orden, evacuó el Parián de Manila, expulsó a un número de residen-

---

26 Murillo Velarde, Pedro y Nicolás de La Cruz Bagay. 1734. *Carta hydrographica y chorographica de las Yslas Filipinas: dedicada al Rey Nuestro Señor por el Mariscal d. Campo D. Fernando Valdes Tamon Cavallo del Orden de Santiago de Govor. Y Capn.* [Manila, sin ed.]. [Mapa.] Library of Congress. https://www.loc.gov/item/2013585226/.

tes elevado pero a la vez trasladó a "un grupo de comerciantes y artesanos chinos prominentes" (ibíd.) a Binondo, un barrio nuevo recién fundado para estos fines en la orilla opuesta del río Pasig. Con esto y con la asignación de una parroquia de Dominicanos, este barrio se convirtió en "una especie de laboratorio de aculturación" (ibíd.) de chinos cristianizados. Podemos observar que la Corona Española oscilaba entre los extremos de tolerar una inmigración masiva que favorecía el desarrollo económico de la colonia y una reacción extrema que radicaba en una supuesta pérdida de control y repetidamente terminaba en verdaderas limpiezas étnicas.

Durante los próximos 150 años, los decretos reales de deportación de chinos a China raramente fueron llevados a la práctica (Escoto 1999, 52), igualmente los decretos que tenían como objetivo limitar el número de residentes chinos en Filipinas (Wickberg 2001, 8). Esto cambió en la segunda mitad del siglo XVIII. Comenzó una política de recentralización que significaba que se estrecharan "lazos más intensos y directos entre península [ibérica] y archipiélago [filipino]", acompañado por un "rearme intensivo del poder colonial en Filipinas" (García Gimeno 2017, 175). Este control iba a extenderse a un aumento del control poblacional y migratorio. En 1755, el gobernador Pedro Manuel de Arandía Santisteban trató de expulsar a todos los chinos no cristianos de las Filipinas porque le preocupaba el control creciente que ejercían sobre la economía local (Sugaya 1994). Además, el gobernador mandó hacer cenizas el Parián, lo cual posiblemente predispuso a los sangleyes cristianos a cooperar con los ingleses cuando éstos procedieron a la toma y ocupación de Manila entre 1762 y 1764 (García de los Arcos 1999, 68). Después de recuperada la ciudad, las autoridades coloniales procedieron a expulsar a los chinos que habían cooperado con las fuerzas de ocupación (Escoto 1999). Según la Real Cédula emitida por Carlos III el 17 de abril de 1766, además de cooperar con el enemigo y traicionar a la Corona, los "cristianos sangleyes" eran culpables de infidelidad en su fe (ibíd., 53). Esto sucedió poco antes de la expulsión de los jesuitas en 1767 que llegaron a Filipinas en 1768 (Descalzo Yuste 2015, 250).

Con esto, prácticamente ya no vivían chinos en Manila,[27] hasta que en 1778 el gobernador José Basco y Vargas ordenó su readmisión para volver a activar la economía en el marco de las reformas borbónicas y de la inserción de la Nueva España al libre comercio, promulgado por el rey Carlos III en el mismo año (Sugaya 2007, 54). A la vez de contribuir al desarrollo económico, las autoridades españolas tuvieron cuidado de mantener intactas las "Filipinas católicas" (ibíd., 55). A partir de 1783, se obligaba a cada uno de los chinos a llevar encima una licencia de "radicación" que daba fe de su empadronamiento residencial y fiscal, con lo cual cumplían la doble función de control migratorio y económico. Este control fue acompañado por el redoble de las medidas de control ideológico y social mediante un decreto que prohibía prácticas de "idolatría" a los chinos, la mayoría de los cuales en aquel momento eran cristianos (ibíd., 55-56).

En aquella época ya se había formado una población de mestizos chino-filipina considerable. Desde el año 1741 representaban un grupo que era lo suficientemente grande como para ser identificado como un elemento distinto a españoles, filipinos y chinos y conformar un grupo fiscal aparte (Wickberg 2001, 12). Según el padre jesuita Pedro Murillo Velarde y Bravo, eran protestones y "podrían causar discordia en la sociedad" (ibíd., 13). La imagen en la próxima página fue tomada del famoso mapa de las Islas Filipinas del año 1734 encargado al mismo Murillo Velarde por Felipe II. Se pueden apreciar cuatro tipos de sangleyes que se encuentran en plena harmonía, lo cual quizás se pueda interpretar como un reflejo de un proceso de aculturación ya avanzado desde la perspectiva de las autoridades españolas. En 1734 ya habían pasado casi dos generaciones desde las confrontaciones sangrientas de los siglos anteriores, y todavía no habían comenzado los choques entre españoles y sangleyes que marcaron la segunda mitad del siglo XVIII.

---

27 Sin embargo, Chu calcula que entre 1750 y 1850 el número de chinos en Filipinas siempre oscilaba entre los 10000 y los 20000, ya que "encontraron otras vías para entrar en las Filipinas" (2010, 57).

Detalle de la *Carta hydrographica y chorographica de las Yslas Filipinas* de Pedro Murillo Velarde, grabada por Nicolás De La Cruz Bagay (1734). Cortesía de Library of Congress, Geography and Map Division.[28]

A comienzos del siglo XIX, unos 120000 mestizos chinos conformaban el cinco por ciento de la población de Filipinas, frente a unos 4000 "blancos" (españoles y mestizos con españoles) y unos 7000 chinos (Chu 2010, 66, tabla 2). En las provincias centrales de Luzón incluso alcanzaban hasta un quince por ciento de la población. No eran solamente la minoría más numerosa de Filipinas, sino un grupo

---

28 Murillo Velarde, Pedro; De La Cruz Bagay, Nicolás (1734): *Carta Hydrographica y Chorographica de las Yslas Filipinas Dedicada al Rey Nuestro Señor por el Mariscal d. Campo D. Fernando Valdes Tamon Cavallº del Orden de Santiago de Govor. Y Capn.* Manila [s.ed.]. [Material cartográfico con ilustraciones] Library of Congress. URL: https://www.loc.gov/item/2013585226/.

significante entre terratenientes y vendedores al por mayor (Wickberg 2001, 13-16). Esto son señales de un proceso transculturación que también se extendía a los chinos no mezclados con filipinos.

Después de las turbulencias que causaron la persecución y deportación de los sangleyes en la década de los 1760 a su readmisión en la década posterior, las adscripciones que se les hacía a los sangleyes comenzaron a cambiar. En vez de clasificarlos por su afiliación religiosa, las autoridades españolas comenzaron a hacerlo por su estatus de residencia, aunque la conversión a la fe católica se mantenía como elemento importante de dominio colonial; constituía, por ejemplo, una condición para acceder a la naturalización y casarse con mujeres filipinas. Además, como parte de la estrategia de atraer un número controlado de chinos para reactivar la economía, a partir de 1790 a los sangleyes se les rebajó el impuesto de capitación de 81 reales anuales a 54 reales, aunque seguían siendo el grupo con el gravamen fiscal más alto de toda la sociedad colonial (Chu 2010, 69, 73).

Como consecuencia del estallido de las guerras de independencia en la Nueva España, en 1815 se suspende la conexión del galeón de Manila con Acapulco, lo cual le da término a una historia compartida en la Nueva España durante dos siglos y medio. La historia de las Filipinas como parte del resto del imperio colonial hispano continuó hasta 1898 cuando fueron arrebatadas a España y a los independentistas filipinos por los Estados Unidos.

Resumen del segundo capítulo

Hemos visto cómo la historia de entrelazamientos entre chinos y españoles en las Filipinas se desarrolló por dos ejes principales: la del desarrollo económico de la colonia y la del control político, económico, social e ideológico que los colonizadores españoles establecieron y querían mantener a rajatabla sobre estos territorios en los cuales representaban una minoría extrema. Para desarrollar la colonia, aparte de los súbditos indígenas filipinos eran indispensables los comerciantes, artesanos y labradores chinos. Pero a la vez la cercanía al imperio chino y las amenazas de otras potencias como los japoneses y holandeses apuntaban al peligro que podían correr los españoles de perder su colonia. Por lo tanto, durante los primeros cien años de dominio colonial en las Filipinas, por un lado favorecían o por lo menos toleraban la inmigración masiva de chinos por razones económicas, y por el otro lado velaban con recelo sobre la seguridad externa e interna de la colonia, la cual no dudaban de preservar mediante la represión extrema si se veían amenazados.

En el siglo XVIII podemos observar un proceso de mestizaje (principalmente entre hombres chinos y mujeres filipinas) y transculturación parcial o "integración" de sangleyes cristianos al sistema socio-cultural de la colonia. A la vez constatamos un descenso significante de la inmigración china, ahora más condicionada a regulaciones de inmigración y residencia, sobre todo a partir de la aplicación de las ideas y (finalmente) reformas borbónicas a Filipinas a finales del siglo. Las actitudes de españoles acerca de los chinos parecen tomar un rostro menos ideologizado y más ilustrado (dentro de los límites de la ideología cristiana), a lo cual también contribuyeron de forma significativa las interacciones cotidianas entre españoles, criollos, sangleyes y mestizos chinos.

En el siglo XVI y parte del siglo XVII, las prácticas de exclusión estaban marcadas por actitudes que emanaban de imaginarios racistas y xenófobos cultivados desde la Edad Media que se transmitían con la expansión europea a las Américas y a Asia. Entre el siglo XVIII y mediados del siglo XIX, estas actitudes se iban transformando de un control socio-moral e ideológico y hacia una concepción de control más territorial que comprendía una noción de movilidad que se atenía menos a la etnicidad y más al estatus socio-económico.

En lo que se refiere a la migración transpacífica de asiáticos a la Nueva España y desde allí a otras partes de las Américas, hemos visto que durante la Edad Moderna no era cuantitativamente significante, y que la mayoría de los que migraron tuvieron que hacerlo en calidad de esclavos. La única excepción fueron las Filipinas, que por su cercanía al resto del Sureste asiático y su lejanía de la parte continental de la Nueva España ocuparon un lugar especial en el imperio colonial hispano con sus propias características de dependencia mutua entre españoles, chinos y filipinos. En la próxima sección veremos las similitudes y diferencias con este período con lo que sucedió en buena parte de las Américas en los siglos XIX y XX.

3. Migración forzosa y migración libre en la Edad Contemporánea

Antes de abordar el tema de la migración china a las Américas que comenzó a gran escala a mediados del siglo XIX, se aclarará brevemente el contexto en el que tuvieron lugar estas nuevas dinámicas de migración.

3.1. De la Era de las Revoluciones a las grandes migraciones

A finales del siglo XVIII y principios del siglo XIX confluyeron varios procesos que sacudieron las bases del sistema colonial establecido por las potencias europeas en las Américas, lo cual también tuvo su impacto en los regímenes de migración. La Guerra de los Siete Años (o Guerras Francesas y de Indios como le dicen en el ámbito angloparlante) y las reformas fiscales, administrativas y económicas que la siguieron (llamadas reformas borbónicas en el imperio hispano), la afirmación del dominio inglés por encima del español, la revolución e independencia de los Estados Unidos y la revolución francesa abrieron un ciclo de reformas y revoluciones que cuatro décadas más tarde se cerró con las guerras de independencia en la mayoría de las colonias ibéricas.[29] Como resultado, la gran mayoría de los territorios coloniales se independizó de su madre patria respectiva, y sus élites criollas lo hicieron con la idea de fundar repúblicas (menos en el caso brasileño), seguir desarrollando el libre comercio y a la vez mantener el control sobre las jerarquías étnicas y sociales establecidas por el poder colonial, ahora vencido.

Un círculo de revolución secundario se abrió con la revuelta exitosa de los esclavos en Saint Domingue y su posterior

---

[29] Esta Era de las Revoluciones se extendió en Europa de 1789 a 1848, véase Hobsbawm (1995); para acercamientos más actuales véase Bell y Mintzker (2018). Kossok (1985) propuso otra periodización cuando analizó el ciclo de revoluciones en España. Esto muestra que se trata de ciclos revolucionarios que pueden solaparse, pero que según la escala del enfoque (global, hemisférico o regional) tienen una relevancia distinta.

independencia como Haití en 1804 que resultó en algo muy distinto: esta revolución contra las élites blancas tuvo como efecto que fuese utilizada como ejemplo negativo del peligro que las élites criollas podían correr si permitiesen que esclavos africanos se sublevaran y reclamaran su igualdad. Por lo tanto, el fantasma del miedo a un "segundo Haití" permeaba las mentes criollas, sobre todo en el Gran Caribe donde todavía se aplicaba la esclavitud como parte del sistema de extracción, tanto las que permanecieron colonias (como Cuba y Puerto Rico) como las nuevas repúblicas.[30] Si las revoluciones burguesas,[31] a las que podemos incluir las guerras de independencia latinoamericanas,[32] fueron vistas "como un símbolo de revolución antiimperial" (Stinchcombe 1994, 3), la revolución en Saint Domingue fue considerada desde el inicio "como *un símbolo de revuelta de esclavos*" (ibíd., énfasis en el original) o como "incidente fatal" (Munford y Zeuske 1988, 29). Después de su independencia, Haití continuó este legado, siendo tachado como criadero de revolucionarios (que durante un tiempo sin duda lo era, pensemos como uno de los ejemplos más conocidos en el período de Bolívar en Haití). Habiendo sido el primer país de las Américas donde se abolió la esclavitud de manera permanente, sufrió el aislamiento diplomático y económico probablemente más prolongado de la historia decimonona a manos de las grandes potencias de occidente.[33] No fue hasta la Guerra de Secesión y abolida la esclavitud en los estados de la Unión,

30 Véase González-Ripoll (2004); Gómez (2006); Munro y Walcott-Hackshaw (2006). Para estos y otros efectos de la revolución haitiana en el Gran Caribe véase también los artículos publicados en Geggus (2001).

31 Por supuesto se pueden incluir otro tipo de revoluciones en este período, véase el todavía excelente Stern (1987).

32 Para una evaluación crítica del carácter revolucionario de las guerras de independencia véase Chust (2015).

33 Según Stinchcombe se formó una gran "alianza diplomática reaccionaria contra una república negra revolucionaria" (1994, 2), y no fue hasta la década de los 1830s y la de los 1860s que los gobiernos europeos y los gobiernos republicanos en las Américas establecieran relaciones diplomáticas con Haití (ibíd.).

que los Estados Unidos reconocieran a Haití, antes despreciado como un "símbolo antiesclavista y de igualdad de negros" (Stinchcombe 1994, 4).

Sin embargo, sigue siendo una historia poco conocida. Si Trouillot en 1995 en su libro *Silencing the Past* todavía podía constatar el "silenciamiento general de la revolución haitiana por la historiografía occidental" (1995, 27), no sorprende que se conozca aún menos sobre el pensamiento progresista de un Haití que luchó por la aplicación de los derechos humanos para todos los seres humanos. Es interesante que justo cuando ideas colonialistas y racistas estaban en su apogeo (en Europa), pensadores e historiadores progresistas del llamado Sur Global alzaran su voz para refutarlas. En 1885, el mismo año en que las potencias europeas se repartieron el continente africano, el antropólogo y político haitiano Joseph-Anténor Firmin defendió ideas de igualdad universal en su *De L'Égalité des Races Humaines* donde puntualiza:

> […] una de las causas del error que agita muy fuertemente la inteligencia de los filósofos y antropólogos y que sostiene la hipótesis de la desigualdad de las razas es la influencia imperante que ejercen sobre ésta las aspiraciones avasalladoras y usurpadoras de la política europea, aspiraciones cuya fuente principal son el espíritu de dominación y la fe orgullosa en la superioridad del hombre de tipo caucásico. (1998, 474)

Firmin lo hizo en un clima totalmente adverso con referencia directa a personas como Gobineau que postulaban una supuesta supremacía "blanca". Cinco décadas más tarde, cuando la Alemania nazi se estaba preparando para la invasión de Europa y la ejecución del holocausto, el historiador marxista Cyril Lionel Robert James de Trinidad y Tobago publicó su libro *The Black Jacobins* en 1938 (James 1980) en el cual resaltó los ideales que Toussaint l'Ouverture trató de transferir de la revolución francesa a la de Saint Domingue, el futuro Haití. Sin embargo, no tuvo una recepción más extensa hasta su reedición en 1962 en el contexto de la lucha por los derechos civiles en los Estados Unidos (Trouillot 1995, 104).

Con esto queremos señalar las dinámicas contradictorias de liberación de esclavos por su propio esfuerzo ("desde abajo") y la abolición (o liberación decretada "desde arriba") que estaban marcadas por un deseo de control por parte de las élites blancas sobre personas de otro color, que en el caso de Haití causó cierto solapado inesperado entre los intereses de abolicionistas y esclavistas. Veremos cómo el control paternalista de hombres libres "de color" seguía constituyendo una constante por parte de las élites en las Américas que se extendía al control de la migración.

3.2. La trata de los "culíes": ¿un paso intermedio al trabajo libre?

Aunque derrotada en sus trece colonias norteamericanas, Inglaterra siguió expandiendo su poder imperial en los mares y extendió su esfera de influencia en otras partes del mundo, especialmente en Asia (Tomich 2016a). Wills atribuye este ascenso en Asia a imposición de los ingleses en detrimento de los franceses con quienes estaba librando prácticamente una Guerra Mundial entre 1770 y 1815 (2014, 202). Como ya no mantenía el control sobre buena parte de los territorios esclavistas en las Américas se iba retirando de su protagonismo en el Pasaje del Medio que le había proporcionado tantas ganancias con la trata de esclavos, igual que a otras potencias europeas. Cada vez más se iban extendiendo las ideas ilustradas y el abolicionismo – primero de la trata de esclavos y después de la esclavitud misma – ganó cada vez más seguidores. Rediker, Pybus y Christopher destacan:

> Por medio de recurrir a las condiciones sociales horripilantes y la feroz resistencia de los africanos esclavizados en los barcos de esclavos y publicarlas, los abolicionistas lograron enfocar la atención en una realidad muy distante de las orillas de la experiencia de la mayoría de la gente y hacer reales los horrores del pasaje del medio para del público lector en las metrópolis. (2007, 1).

Acertadamente indican que el Pasaje del Medio se puede "utilizar como un concepto que estructura el nexo entre la expropiación en un escenario geográfico y la explotación en el otro" (ibíd., 2). Esto más abajo nos servirá para entender mejor las implicaciones del concepto del "Pacífico amarillo" que iba a estar marcado por la trata de los "culíes".

Desde finales del siglo XVIII, con su expansión en Asia y de su superioridad naval en los mares, Inglaterra había comenzado a "[a]rmar un Pacífico que iba a vincular mercancías como el opio y el té en la India y en China con el comercio de productos agrícolas en las Américas [...]" (Chang J. 2016, 37). Con esto, movilizó "nuevas fuerzas para la migración y demandas de mano de obra" (ibíd.), lo cual iba a reactivar, transformar y diversificar profundamente la relación transpacífica entre Asia y las Américas. Ya debilitado por el libre comercio decretado por Carlos III en 1778, el enlace que unió Manila y Acapulco durante un cuarto de milenio finalmente quedó cortado en 1815 por las guerras de independencia y la difícil situación financiera de España después de la ocupación napoleónica (Valdés Lakowsky 1983). La desintegración del poder español fue aprovechada tanto por los ingleses como por otros actores interesados en el comercio transpacífico, como fueron los estadounidenses, alemanes y otros. En esta nueva dinámica, los lascares (marineros de la India) fueron el primer grupo asiático en cruzar el Pacífico como tripulaciones en buques europeos, bajo la bandera inglesa. Inglaterra comenzó a "construir gradualmente un sistema burocrático global de reclutamiento, exportación y regulación de trabajadores contratados de la India y de China, o culíes" (Chang J. 2016, 38).

La trata de los llamados "culíes", trabajadores contratados sobre todo en la India y en China, era una empresa multinacional que en vistas del impulso que la revolución industrial le dio a la producción global trataba de satisfacer la demanda de mano de obra barata y controlable en las Américas, el Sureste asiático, la Oceanía, Australia y Sudáfrica en la segunda mitad del siglo XIX. En el caso de los chinos, la trata de "culíes" fue también producto de la competencia entre las potencias europeas y otras por el control del acceso a la mano de obra dominable por la explotación a la fuerza. Se trataba de:

> [...] una confluencia y localización de rivalidades globales y alineamientos que involucraban a las naciones europeas, los Estados Unidos, África y China, y el control del trabajo de esclavo y de culí, con una rivalidad particular entre Gran Bretaña y España con relación y Cuba y el azúcar. (Yun 2008, 13)

Los británicos alcanzaron una posición privilegiada en esta rivalidad mediante la primera Guerra del Opio contra China que les dio el control sobre Hong Kong, ocupada en 1841 y cedida por China a Gran Bretaña en del Tratado de Nankín en 1843 (Sinn 2013, 12). Con esto, además ganaron el acceso de comerciar libremente en los puertos más importantes de China –Cantón, Amoy, Foochow (hoy Guangzhou, Xiamen y Fuzhou), Ningbó y Shanghái. Situada en el estuario del Río de la Perlas cerca de Cantón y Macao, Hong Kong quedaba en una situación estratégicamente perfecta para el comercio transoceánico. En 1890, la Enciclopedia alemana *Meyers Konversations-Lexikon* apreció el auge de Hong Kong y el relativo declive de Cantón a partir de 1841 desde una perspectiva eurocéntrica:

> C.[antón] es la cuna del comercio europeo en China porque aquí se concentraba el comercio con el Oeste antes de la gran Guerra del Opio con los ingleses (1841). Como el mismo ahora se reparte a un gran número de puertos contratados, C.[antón] ha perdido mucho de su importancia anterior, a lo cual contribuye la existencia del boyante puerto franco inglés Hong Kong. A pesar de esto, C.[antón] es la ciudad más importante de la China meridional. (*Meyers Konversations-Lexikon* 1890, 9, 474)

En la próxima página podemos ver un mapa de esta zona que acompañaba esta descripción.

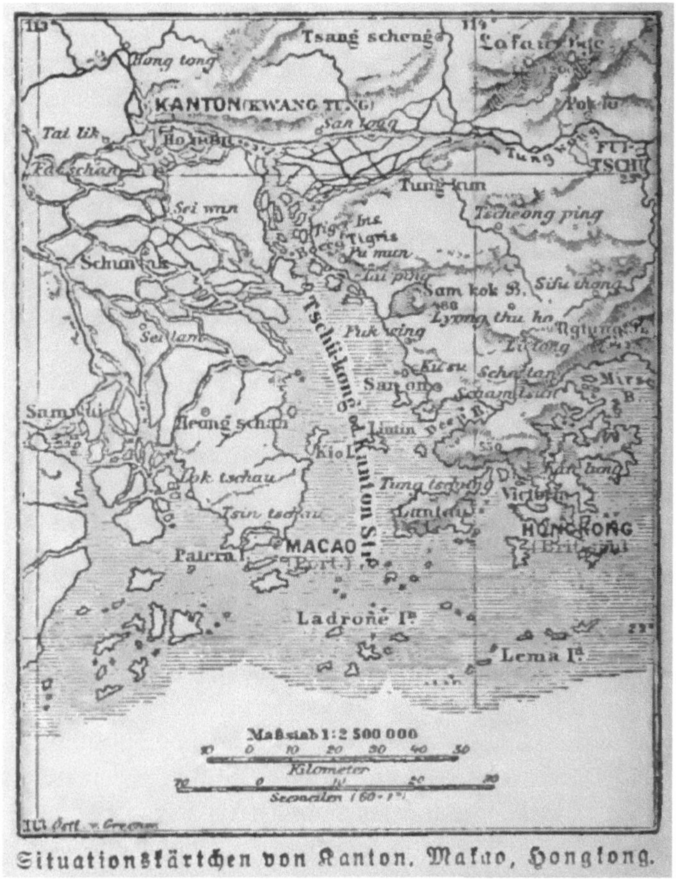

Situationskärtchen von Kanton, Makao, Hongkong
(*Meyers Konversations-Lexikon* 1890, vol. 9, 474). Dominio público.

El resultado de la primera Guerra del Opio fue la apertura de una nueva y potente ruta de transporte transoceánico primero entre China, el Índico y el Atlántico, y pronto también por el Pacífico (Sinn 2013, 12). La colonia portuguesa de Macao y el Hong Kong británico iban a repartirse de manera competitiva la lucrativa trata de cantoneses que como "culíes" y migrantes libres iban abordando los barcos con rumbo a las Américas.

En las Américas, la mano de obra controlable escaseaba por la abolición de la esclavitud en las nuevas repúblicas latinoamericanas, Haití y el imperio inglés y por el aumento de demanda de mano de obra (tanto en estas repúblicas como en los que se mantenía la esclavitud) causada por el desarrollo de la economía plantacional a nivel industrial, la del guano y otras como la minería. Este desarrollo capitalista iba acompañado por la expansión de nuevas tecnologías que revolucionaron la infraestructura, como el barco de vapor y el ferrocarril, para cuya construcción hacían falta miles y miles de trabajadores.

Durante los años principales de la "trata amarilla" (1847-1874),[34] aproximadamente un millón y medio de personas (casi exclusivamente hombres) fueron reclutadas en la provincia de la China meridional de Guangdong en calidad de "culíes", con frecuencia por medio del engaño y el endeudamiento (Young 2014, 32; Hu-DeHart 2007, 167). Más tarde fueron acorralados en barracones de Macao y otros puertos como Amoy y trasladados a las Américas en travesías transoceánicas bajo condiciones infrahumanas. La mortalidad en los barcos era más alta que en la trata de esclavos africanos: de cerca de un cuarto de millón de "culíes" que salieron de China para las Américas (sobre todo a Cuba y al Perú), murieron casi 30000 personas en los barcos, es decir, el 12% (Yun 2008, 7). La consecuencia era que motines, suicidios y otras formas de resistencia eran frecuentes.

A esto hay que añadirle – con mucho cuidado por los grandes márgenes de error posible[35] – aproximadamente la doble cantidad de "culíes" de la India que fueron importados a las colonias inglesas, francesas y neerlandesas en Sudamérica y el Caribe entre 1838 y 1924 (Kumar Mishra 2009, 233). Pensamos que aquí el marco temporal es

34 Yun constata que los primeros experimentos de la trata de "culíes" ya se habían dado en el siglo XVII por parte de los neerlandeses en sus colonias americanas (2008, 5). El primer envío de "culíes" por los ingleses se dio en 1806 a la colonia británica Trinidad en el Caribe (Chang-Rodríguez 2015, 87).

35 Véase los problemas de las autoridades británicas a la hora de cuantificar a los inmigrantes hindúes en Ceylon (Look Lai 2009, 29-30).

diferente al de la trata de los "culíes" chinos porque esta última se terminó abruptamente en 1874. La causa fue la intervención del imperio chino mediante el envío de una comisión para investigar los abusos de los trabajadores chinos contratados en Cuba por la Corona Española, disputa en la cual el gobierno Qing al final fue apoyado por casi todas las grandes potencias de Europa (Inglaterra, Rusia, Francia, Alemania) y los Estados Unidos (Ng 2014, 41).[36] Desde el inicio de la trata, las formas de resistencia contra el maltrato tanto en la travesía como en su lugar de trabajo eran múltiples y se parecían a las que aplicaban los esclavos africanos, con la excepción de que el número de suicidios entre los chinos parece haber sido más elevado que entre los esclavos africanos (Young 2014, 34-41).

En el caso de los "culíes" chinos, casi todos eran *punti* 'nativos' (本地, *bendi* en mandarín) y *hakka* 'visitantes' (客家, *kejia*) provenientes de siete condados de la provincia de Guangdong (el entonces Cantón). Antes de embarcarse en los puertos chinos controlados por los europeos, firmaban un contrato por ocho años, el cual estaba redactado en chino y español. Pero las condiciones de reclutamiento (a menudo mediante el engaño), transporte (iguales o peores que en la trata de esclavos) y de trabajo (casi siempre igual de crueles que las de los esclavos africanos) hacían que la vida de "culí" se asemejara más a la esclavitud. Sin embargo, a pesar de múltiples intentos por parte de sus dueños temporales de extender el contrato de forma ilimitada, hubo miles de "culíes" que lograron sobrevivir la duración de su contrato para luego buscarse la vida hasta asentarse en las sociedades receptoras.

Durante muchos años, en la investigación sobre la trata de trabajadores contratados asiáticos se ha argumentado que este fenómeno se debía sobre todo a la abolición de la esclavitud, institución a la cual

---

36 La migración de "culíes" chinos a otras partes del mundo tampoco se ajusta a la periodización de la "trata amarilla" a las Américas. Harris anota que entre 1904 y 1910 la colonia de Transvaal (Sudáfrica) importó a 63695 chinos para trabajar en las minas de oro, mientras a la colonia de Natal se habían importado a 152184 hindúes entre 1860 y 1911 (2010, 147).

reemplazaba.[37] Mientras esto es acertado para algunos casos,[38] hoy sabemos que la abolición de la esclavitud y la trata de "culíes" eran dos procesos que se solapaban y con frecuencia se complementaban. En los Estados Unidos, Cuba y Brasil, la esclavitud incluso se extendió de manera importante y subsistió hasta 1863, 1886 y 1888, respectivamente.[39] Esto significaba que – a falta de vías legales de importación de esclavos – creciera de manera exponencial el contrabando de esclavos por el Atlántico, como parte de lo que Tomich (2016), Laviña y Zeuske (2014) y otros llaman la "segunda esclavitud", la cual significaba una "redistribución y expansión sistemática de la esclavitud atlántica" (Tomich y Zeuske 2008, 91).[40] Con referencia a Luiz Felipe de Alencastro, Marques nos recuerda puntualmente que este traslado forzoso de "individuos ilegalmente esclavizados" de África a las Américas puede ser considerado como "uno de los crímenes más grandes del siglo XIX" (2016, 173). Con esto, se refiere al marco legal de aquel entonces, ya que la trata se llevó a cabo hasta décadas después de haberse prohibido la trata de esclavos a los Estados Unidos (1807), Cuba (1820) y Brasil (1850). En total, unos dos millones de esclavos fueron transportados a estas regiones durante la "segunda esclavitud", de un total de unos doce millones de esclavos en todo el período de la trata de esclavos transatlántica (Zeuske 2013, 456-457).

Zeuske conecta la trata de "culíes" con su concepto del "*Atlántico escondido*" (ibíd., 28, cursiva en el original) y postula que

---

37 Meagher escribía del "fenómeno del trabajo forzado que seguía a la abolición de la esclavitud [...]" (2008, 21).

38 Como el de los culíes hindúes en el imperio británico (Lal 1996, 168).

39 Esto también pudiera enmarcarse en un segundo ciclo de revoluciones y cambios que afectaron profundamente el sistema plantacional del mundo atlántico entre la década de 1860 y 1898 (Dal Lago 2009, 393).

40 Véase también Tomich (2016) y Laviña y Zeuske (2014). Este proceso se puede describir como la "transformación del capitalismo histórico en el largo siglo XIX [que] estaba marcada por la expansión de la esclavitud no solamente en Brasil y Cuba, sino también en los Estados Unidos [...]" (Marques 2016, 173-174).

el discurso sobre el siglo diecinueve como el "centenario de la abolición" oculta la enorme dinámica explotadora que regía tanto el Atlántico como el Índico y el Pacífico y que movilizaba a millones de personas. Sin embargo, la discusión si la trata de "culíes" era más bien una migración de carácter forzoso o de carácter libre sigue vigente. Mientras Young resume el estado de esta discusión compleja (2014, 46-50), no se adentra en otros marcos interpretativos. Básicamente toma la misma postura que Rodríguez Pastor quien decía que en el caso del Perú los "culíes" chinos llegaron en "condición de semiesclavos" (2005, 447). Yun problematiza el concepto de "transición" del trabajo forzoso al trabajo libre en varias dimensiones. Alerta que con la aplicación de este concepto, los trabajadores asiáticos contratados se verían reducidos a un papel de objetos intermediarios, no de sujetos (2008, 1-5). Boatcă incluso piensa que estamos "preguntando la pregunta equivocada" (2013, 287) si quedamos sujetos a estas interpretaciones binarias. Haciendo referencia a Tomich, sostiene que este procedimiento impide descubrir las "importantes conexiones históricas y continuidades entre regímenes de trabajo que usualmente se construyen como opuestos" (ibíd.).[41]

Estamos conscientes de estos problemas y comprendemos que la trata de asiáticos no era un mero paso en la transformación supuestamente progresista y teleológica de modos explotadores de control de la producción al trabajo "libre" y asalariado, paralelo a la "liberación" del individuo del yugo feudal y la aparición de ciudadanos que por su propia voluntad participaban en la creación de los estados-nación que nacieron de las revoluciones burguesas (o la reducción de su carácter a la parte burguesa). Más bien, la trata de "culíes" formaba parte del sistema de extracción y su rostro cambiante en el siglo XIX, en el cual la relevancia de la distinción entre trabajadores "libres" y "forzosos" se desdibuja al surgir la necesidad del análisis

41 Por lo tanto, propone la aplicación de una "colonialidad del trabajo" (ibíd., 287-288) como marco analítico. Es decir, basándose en el concepto de la colonialidad del poder de Quijano (2000), apunta a las continuidades de adscripciones, prácticas y relaciones de poder y dominación establecidos durante la época del colonialismo europeo más allá de las independencias.

interseccional de la continuidad de estructuras de explotación y de asimetrías de poder sociales, económicas, étnicas, políticas y de género. En este sentido, resulta de interés especial centrar la mirada en los acontecimientos que se dieron con el comienzo de la era de la migración voluntaria y "libre" en masas. Para analizar la migración libre de chinos a las Américas, es necesario ahondar brevemente en el problema del significado y de las implicaciones de la disyuntiva "libre" vs. "forzoso" en lo que se refiere a las migraciones para ganar más claridad conceptual.

3.3. ¿Qué es la migración libre?

Para los fines del presente ensayo nos parece útil pensar en las implicaciones que surgen a la hora de analizar el carácter forzoso, voluntario o libre de la migración y sus límites. Siguiendo nuestra intención de poner el énfasis en la acción (*agency*) de migrantes que tomaron la decisión de desplazarse por un tiempo prolongado a una región distante de su lugar de origen, preferiremos el uso del término 'migración libre'. Esto conecta con las definiciones de historiadores que trabajan la migración y suelen definirla por los dos polos opuestos de migración libre y su opósito, la migración forzosa.[42] Como ya señalamos más arriba, estamos conscientes de la problemática que esto encierra, especialmente cuando solamente se reduce a los migrantes a meros objetos por su estatus adscrito por otros y no se presta atención a sus deseos y su margen de acción para tomar decisiones.

Ya hemos visto que en el caso de los "culíes" la cuestión es más compleja, y con el comienzo de la era de la migración "libre" a las Américas en masas a partir de 1830, aproximadamente, se complica más. Eltis nos recuerda del "estatus intermedio de los migrantes contratados" (2004, 314) a quien se les facilitó el transporte transoceánico a cambio del control de su fuerza laboral por un período limitado por su contrato. Su situación era ambivalente: "Porque firmaron un

---

42 Para esta discusión véase Emmer (2004) y varios artículos en Eltis (2002), especialmente Look Lai (2002) y Eltis (2002a y 2002b).

contrato de forma más o menos voluntaria eran como migrantes libres, y porque podían comprar y venderse y no tuvieron mucho control sobre este proceso, o sobre el trabajo que se les requería realizar, eran como esclavos" (ibíd.). Eltis identifica un elemento clave para acercarse a los migrantes como sujetos y actores de su destino, y lo hace por medio de establecer la categoría de migrantes forzosos como los que no querían ser cautivados y trasladados a la fuerza: "migrantes [...] que no querían trasladarse" (ibíd.). Por lo tanto, la conclusión inversa es que la primacía de la voluntad propia para migrar se constituye en un elemento fundamental para la definición de migración "libre". En su edición más reciente, el *Glosario sobre la Migración* publicado por la Organización Internacional para las Migraciones de las Naciones Unidas (OIM) recoge este último término bajo el lema "forced migration":

> Un movimiento migratorio en el cual existe un elemento de coerción, incluyendo amenazas a la vida y al sustento, surjan por causas naturales o producidas por el ser humano (p. ej. tanto movimientos de refugiados y personas desplazadas internamente como personas desplazadas por desastres naturales o del medio ambiente, químicos o nucleares, hambruna o proyectos de desarrollo). (*Glossary on Migration* 2011, 39)

Sin embargo, el *Glosario* no contiene ningún término que defina el contrario de migración forzada, lo cual probablemente se debe a los problemas que surgen a la hora de encontrar definiciones de lo que significa el movimiento "libre". Estamos en el siglo XXI, y por lo tanto la OIM ya no concibe a los migrantes forzosos como personas no libres,[43] sino le da un nuevo sentido a la coerción: trata a los migrantes como víctimas de eventos y condiciones adversas a causa de las cuales migran. Consecuentemente, la especialista en derecho internacional Achiume (2018) introduce el término innovador de "migración involuntaria" (2018, 335, nota 2). Con esta definición

---

43 A pesar de la persistencia de formas de esclavitud no legalmente institucionalizadas y del tráfico de personas hasta hoy en día, véase Zeuske (2013, 1-3; 567-573).

crea una categoría que no solamente incluye a refugiados, sino que se extiende para "incluir el movimiento forzado que no está protegido por el derecho internacional" (ibíd.).

Esto le añade una dimensión nueva al significado del paradigma de la voluntad que abrimos más arriba. La OIM vuelve a restarle el poder de decisión y acción a los migrantes y les adscribe el estatus de víctimas que les otorga la legitimidad necesaria para emprender el proceso migratorio. Es decir, migran en contra de su voluntad o, mejor dicho, su voluntad no se rige por una decisión personal y libre, sino más bien por causas que no se encuentran bajo su control.[44] Achiume trata de ampliar el alcance de la protección de migrantes y añade "adversidad económica extrema" (ibíd.) como una causa más para justificar el movimiento de migrantes, aunque el mismo no estuviera protegido por la ley. Al proponer el reconocimiento de causas económicas trata de incluir a los refugiados económicos en el grupo de migrantes legítimos, por lo cual su término de "migración involuntaria" (ibíd., 335) sirve de instrumento para crear espacios de protección y aceptación más amplios para los migrantes. Tanto la definición de Achiume como la de la OIM necesariamente dejan un margen de interpretación grande con respecto a lo que se entiende por "elemento de coerción" (*Glossary on Migration* 2011, 39) como fuerza motriz de la migración, probablemente para poder alcanzar relevancia para una multitud de incidencias de migración.

El problema de este acercamiento en el contexto de nuestro enfoque es, lo repetimos, que les resta capacidad de acción a los migrantes y los representa como objetos de procesos y situaciones de coerción que los obligan a migrar a la fuerza. Por ende solamente obtienen la legitimidad para moverse si pueden presentar evidencias de que sea necesario que sean aceptadas por aquellas personas que

---

44 No vamos a adentrarnos en los detalles del desarrollo de este concepto, solamente queremos aducir que sus orígenes se encuentran en el énfasis que se puso en la protección de los refugiados y desplazados como consecuencia de la Segunda Guerra Mundial, plasmada en la Convención de Ginebra sobre el estatuto de los refugiados adoptada en 1951 y ampliada a países no europeos por el protocolo de 1967 (Betts y Kainz 2017, 2).

regulan el acceso en los regímenes de migración. Para nuestro caso, pensamos que es más operable aplicar la noción de "voluntario" a los inmigrantes chinos "libres". Pensamos que sirve tanto para mantener la distancia a los esclavos que fueron trasladados en contra de su voluntad como a los "culíes" que fueron atraídos a trabajar en condición de esclavos bajo engaños y promesas falsas, aunque a diferencia de los esclavos fuese por un tiempo limitado.

Si ponemos el énfasis en la capacidad de decidir su propio destino, los migrantes y sus deseos, sueños y preocupaciones toman un papel protagonista en el análisis de la migración y sus causas.[45] Para analizar el margen en que se toma la decisión de migrar, también se prestan teorías de otros fenómenos, como el estudio de los movimientos sociales. Según Kriesi, los que se incorporan a estos movimientos toman su decisión a base de las estructuras de oportunidad política que forman el marco para las mismas (2004, 80). Si trazamos paralelas con el proceso de la migración, este concepto de las estructuras de oportunidad también modela las opciones que los migrantes evalúan a la hora de inmigrar, emigrar, o remigrar.

Lejos de rechazar la utilidad de parámetros analíticos (como los de la OIM) que permiten identificar el nivel de presión que sienten los que migran, esta presión también puede ser complementada por las nociones de atracción, por expectativas, estrategias de vida y por hábitos desarrollados por comunidades y redes transnacionales de migrantes. Por un lado, la multiplicidad de teorías sobre la migración incluye muchos enfoques que están haciendo exactamente esto,[46] por otro lado también se presenta una nueva dinámica de tendencias

45 Véase Hoerder (2002), especialmente el subcapítulo 1.3 (Migrants as Actors and a Systems Approach).

46 Véase los artículos en Amelina, Faist y Nergiz (2016), sobre todo Amelina y Faist (2016); Glick Schiller (2012). Véase también Bauböck y Faist (2010) y los acercamientos todavía muy relevantes para los Estados Unidos en Hirschman, Kasinitz y DeWind (1999), especialmente el artículo de Portes.

populistas y xenófobas que afectan al rumbo de los estudios sobre la migración.[47]

En este sentido, Glick Schiller y Salazar presentan corrientes actuales en el estudio de la movilidad que postulan que se puede estudiar cualquier tipo de movilidad – sea forzosa o voluntaria – por el mismo prisma. Incluso notan que en algunas investigaciones se cuestiona la utilidad de distinciones que típicamente se trazan por la duración de la movilidad – es decir, las diferencias entre la movilidad de personas que migran y se asientan de forma prolongada y estancias de media y corta duración (para estudios, negocios, el turismo, etc.). Sin embargo, indican que "la crisis económica actual parece estar acompañada – nuevamente – por una normalización de fronteras nacionales y límites étnicos [...]" (2013, 184). Con el "nuevamente", los autores parecen referirse al establecimiento de estos límites en el siglo XIX y el aumento del nacionalismo y de actitudes nativistas, xenófobas y racistas, al cual trazan paralelas a lo que está sucediendo hoy: "Ahora, demagogos y expertos de seguridad nacional miran de reojo a los muchos que se mueven y definen movilidad como algo peligroso y amenazante, mientras la inmovilidad se ve como algo normal y necesario para la seguridad política y personal" (ibíd.). Estamos de acuerdo con esta observación que también concuerda con la necesidad de ampliar la mirada a las dinámicas de exclusión que se desarrollaron con la fundación de los estados-nación para comprender y contextualizar la preocupante realidad en que nos toca vivir.[48]

Desde una perspectiva más amplia sobre los procesos de migración y nivel global, Lucassen, Lucassen y Manning afirman en concordancia con Eltis que para "superar la dicotomía improductiva libre–no libre" (2010, 10), hay que estar consciente de que "la mayoría de la migración contiene tanto elementos voluntarios como coercitivos que son difíciles – por no decir imposibles – de desenredar" (ibíd.). Sin embargo, la diversidad de estudios de caso sobre la migración han mostrado que sí merece la pena tratar de identificar y

47 Véase Zapata-Barrero (2018); DeWaard (2015); Achiume (2018 y 2014).

48 Véase el ya citado McKeown (2008, 349-50).

analizar tanto los factores que conducen a la migración como los que la rigen y enmarcan y compararlos con las consecuencias de las decisiones tomadas.[49]

3.4. La inmigración asiática como parte de la migración libre a las Américas

Estudiosos de las migraciones globales concuerdan hoy con la propuesta de McKeown que entre los 1840s y 1940 las migraciones alcanzaron un nivel especialmente alto: un total estimado de 149 a 161 millones de personas migraron en este período y de éstos entre 55 y 58 millones llegaron de Europa a las Américas (2004, 156). Si incluimos el período de la "segunda esclavitud" a estos cálculos, entre 1826 y 1940 llegaron unos dos millones de esclavos africanos y unos 2,5 millones de personas desde Asia a las Américas.[50] De los 2,5 millones de asiáticos que migraron por el Pacífico y por la ruta del Índico y del Atlántico, unos 1,5 millones de chinos llegaron principalmente a los Estados Unidos, Cuba, Perú, México, Canadá, Hawái y Chile, unos 600000 japoneses a Brasil, Hawái, los Estados Unidos, Canadá y al Perú, y entre 400000 y 500000 hindúes y chinos al Gran Caribe británico, holandés y francés. Un número más modesto de coreanos, filipinos y otros asiáticos y polinesios también inmigraron, sobre todo a Hawái y a los Estados Unidos. Un 30% de todos los migrantes asiáticos en este período llegaron en calidad de trabajadores semiesclavizados o "culíes", por lo cual podemos deducir que aproximadamente 1,75 millones de asiáticos migraron libremente (o con contratos relativamente poco abusivos) a las Américas, como se puede apreciar en esta tabla:

---

49 Véase como buen ejemplo para esto Chang (2012); Gassama, Chang y Aoki (1997); Chang y Aoki (1998).

50 Esto no quiere decir que no hubiera habido más emigrantes de Asia; según Look Lai la gran mayoría de los emigrantes de China y la India (7,5 y 6,3 millones, respectivamente) no migraron a las Américas o a Europa en aquel período, sino a otras regiones del Sur y Sureste de Asia (2009, 32).

Tabla 2[51]

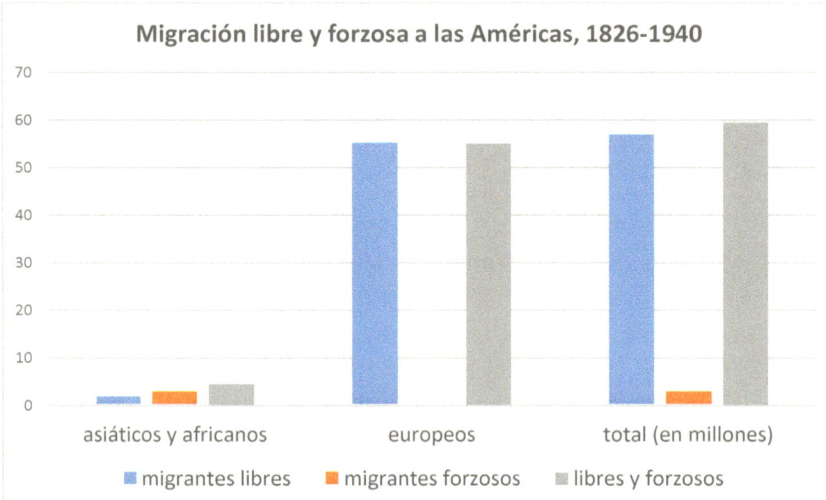

Aunque estas cifras sólo representen una aproximación gruesa podemos concluir que el gran movimiento migratorio libre a las Américas en la Edad Contemporánea antes de la Segunda Guerra Mundial era sobre todo un movimiento de europeos libres. La inmigración libre de africanos estaba prohibida casi en su totalidad, y la de asiáticos libres (que alcanzaba apenas el tres por ciento de toda la migración libre) pronto se vio restringida por mecanismos de control y exclusión que no se aplicaban a los europeos. Sabemos que la revolución industrial llevó a innovaciones tecnológicas que también facilitaron el aumento del transporte a larga distancia, al cual Lucassen y Lucassen atribuyen el gran aumento cuantitativo de la migración después de 1850 (2009, 347). Sin embargo, de las cifras citadas arriba podemos deducir que en el caso de la migración a las Américas, este aumento favoreció sobre todo el transporte en masa de migrantes

51 McKeown (2004, 156); FitzGerald y Cook-Martín (2014, 36); Hu-DeHart (2007, 167); Kumar Mishra (2009, 233), Zeuske (2013, 457). Migrantes forzosos son esclavos africanos y "culíes" chinos e hindúes. No incluimos a los trabajadores contratados japoneses en la categoría de "culíes".

europeos libres. Como veremos en el capítulo siguiente, cuando migrantes no europeos querían inmigrar en números más significantes a las Américas, tuvieron que enfrentarse a rechazo, discriminación y exclusión. No en todos los casos podemos observar las mismas dinámicas, por lo cual analizaremos como a modo de ejemplo la migración libre de chinos a diferentes partes de las Américas.

4. La migración libre de chinos a los Estados Unidos

A pesar de lo incomparable que puedan parecer dos épocas tan distantes, quizás no sea coincidencia que los dos grandes ciclos de discriminación y exclusión contra migrantes chinos hayan coincidido con el auge de imperios europeos: los imperios ibéricos en la Edad Moderna y los imperios anglosajones en la Edad Contemporánea. En 1600, cuando podemos observar el número máximo de 30000 chinos libres o sangleyes en las Filipinas, el imperio español en su unión con la Corona portuguesa no sólo estaba en el apogeo de su poder y de su extensión territorial – era también la época de máxima represión contra los sangleyes. Por su parte, el período de la trata de culíes, la cuasi esclavización temporal de chinos e hindúes en el siglo XIX, sucedió durante el dominio británico en Asia, y la exclusión de chinos de los Estados Unidos comenzó después de terminada la expansión continental, en los albores del ascenso de los Estados Unidos a la primera potencia imperialista en las Américas y el Pacífico. Comenzaremos describiendo varios casos de migración libre a las Américas de forma cronológica y organizada por sociedades de recepción.

4.1. En busca de la Montaña de Oro

A finales del siglo XVIII un número muy reducido de chinos vivía en la costa occidental del continente norteamericano. Algunos de ellos se asentaron en aquellas tierras, todavía pertenecientes a la Nueva España y a la Columbia Británica colonial (que más tarde formaría parte de Canadá), entre ellos marineros y artesanos (Chang-Rodríguez 2015, 113). Después de la independencia de los Estados Unidos, también llegaron algunos cantoneses a los estados en la costa del Atlántico. Se dice que los primeros tres que llegaron a este país fueron tres marineros reclutados en Cantón para navegar a Baltimore en 1785 (Lai 2004, 86). Otros que llegaron eran sobre todo "comerciantes, marineros y estudiantes que deseaban ver y conocer el territorio extranjero del que habían oído hablar elogiosamente" (Chang-Rodríguez 2015, 114) para quedarse de visitantes durante un tiempo limitado. Venían por la ruta comercial establecida con Cantón por los ingleses, que los Estados Unidos la mantuvieron:

> Al entrar en contacto con los marineros y los comerciantes estadounidenses, los chinos se entusiasmaron con las oportunidades que ofrecían los Estados Unidos, cuya principal ruta comercial con China era entre Cantón y Nueva Inglaterra, donde los primeros chinos llegaron a través del Cabo de Hornos [...]. (Ibíd.)

Todavía no se habían construido ni los ferrocarriles transcontinentales (el transístmico de Panamá se terminó en 1855 y el transcontinental de Estados Unidos en 1869) ni el Canal de Panamá.

El 2 de febrero de 1848 se firmó el Tratado de Guadalupe Hidalgo que iba a poner fin a la Guerra entre los Estados Unidos y México. México perdió más de la mitad de su territorio, entre ellos la Alta California que fue anexionada por Estados Unidos en 1848 e iba a incorporarse a los mismos como el estado de California en 1850. El 24 de enero de 1848, una semana antes del armisticio, James W. Marshall encontró oro en Sutter's Mill, ubicado a unas 46 millas de Sacramento y a unas 130 millas de San Francisco en el Noreste californiano que entonces todavía pertenecía a México. Este hallazgo desató la famosa fiebre del oro después de hacerse público a finales del mismo año y que iba a atraer a miles y miles de aventureros de las más diversas partes del mundo, entre otras de México, Chile, Europa, Turquía, Australia y China (Sinn 2013, 1). El comienzo de la migración libre de chinos en cantidades importantes a las Américas se dio en aquel momento de dos grandes expectativas: la de encontrar oro y, de forma más general, la de aprovechar el auge económico que se iba avecinando en la California y otras partes del país desde su unión a los Estados Unidos y en la costa del Pacífico canadiense.

El auge de la migración no solamente cambió a Sacramento, que fue nombrada capital del estado en 1854, si no de forma mucho más intensa a Hong Kong y San Francisco. Entre 1848 y 1852, la población no indígena en California se multiplicó por más de 16 para alcanzar (según el censo especial de 1852) más de 250000 habitantes, mientras la de San Francisco creció de 500 habitantes a 36000

(Kanazawa 2005, 781; Flynn, Frost y Latham 1999a, 12). El comercio entre ambas ciudades portuarias conectó el Pacífico al comercio mundial, por primera vez desde el declive de la importancia del Galeón de Manila. Por esto la fiebre del oro en la California se puede interpretar como el comienzo del segundo siglo del Pacífico: "[…] el primer siglo del Pacífico fue el de la supremacía española basada en la plata americana durante el siglo XVI y el siglo XVII, y el segundo siglo del Pacífico originado por el oro californiano" (Sinn 2013, 321, nota 5).

Incentivados por agentes y cónsules norteamericanos y británicos, los migrantes cantoneses salían de China con la esperanza de lograr una vida mejor, quizás mediante la busqueda de su fortuna en la 'Monte de Oro' (en cantonés *Gam Saan*, en mandarín Jin Shan 金山). Este fue el nombre que le dieron a la California y pronto también a las colonias británicas Columbia Británica (hoy Canadá) y Bendigo (estado de Victoria) en Australia ('Gran Montaña de Oro', Da Jin Shan 大金山),[52] a donde migraron a partir de la década de 1850 atraídos por las mismas expectativas. Formaban parte de una diáspora china atraída a las costas occidentales de los Estados Unidos y Canadá y a Hawái, Australia, Nueva Zelanda y Sudáfrica, a causa de la expansión de los asentamientos de colonos anglosajones y su auge económico (Yu 2017, 346). La gran mayoría de esta diáspora eran braceros chinos (tanto "culíes" como libres) que, lo cual Look Lai describe como un "movimiento global de mano de obra china no especializada (*huagong*) en aquel período" (Look Lai 2010, 2). Esto lo distingue "del movimiento desde hacía siglos de comerciantes (*huashang*), artesanos y trabajadores cualificados que migraban sobre todo al Sureste asiático" (ibíd.). Sin embargo, había una diferencia importante entre los que migraban bajo el sistema semiesclavizado de la trata de "culíes" y los migrantes libres:

---

52 Hoy en día el nombre de San Francisco en mandarín (Jiujin Shan 旧金山 [clásico: 舊金山]) todavía proviene de este significado.

> Los chinos que migraron a los Estados Unidos no vinieron como culíes. En vez de esto, normalmente venían gracias a sus propios recursos o bajo el sistema de billete a crédito que financiaba su pasaje. Los opositores a la inmigración china con frecuencia no hacían ninguna distinción entre la migración libre y la semilibre de chinos a los Estados Unidos y de culíes forzosos a otras partes de las Américas. Calificar toda la inmigración china como migración de culíes apoyaba y galvanizaba el movimiento antichino. (Lee 2003, 262, nota 11)

En China, a los que emigraban para vivir en el extranjero se les llamaba *wah kiu* en cantonés y *huaqiao* (华侨) en mandarín ('ciudadano chino que vive en el extranjero'), o *haiwai huaqiao* (海外华侨 'ciudadano chino en ultramar'; en inglés: *Overseas Chinese*) (Yu 2017, 344). Kuhn nos informa de que en el chino mandarín, el concepto de migrante de por sí no indica la dirección de la migración o de la permanencia en el lugar de destino, es decir, no define si se trata de *e*migrantes, *in*migrantes o *re*migrantes:

> Los equivalentes chinos [al término 'migrar'] son *qiao* 僑 (vivir temporalmente fuera de su hogar) o *yi* 移 (mover o moverse) como en *yimin* 移民 (mover a personas o personas que se mueven con o sin la intención de quedarse). Un sentido más estrecho de *qiao* es el de vivir en el extranjero manteniendo su nacionalidad china. (Kuhn 2008, 5, nota 3)

Como argumenta Kuhn, esto quizás sirva de indicio para explicar que hasta hace poco, la mayoría de los migrantes chinos no tenían la intención de asentarse de forma permanente fuera de su país, sino más bien la de trabajar temporalmente en otro lugar y luego regresar a sus comunidades. Esto lo fundamenta con las cifras que proporciona Sugihara Kaoru quien para los puertos de Xiamen, Shantou y Hong Kong calculó unos 14,7 millones de emigrantes de China entre 1869 y 1939 y unos 11,6 millones de personas que regresaron en un período casi idéntico (1873-1939) (ibíd., 5-6, nota 4). Las características, entonces, de los esquemas de movilidad de los chinos de ultramar no parecen ser tanto la permanencia y la separación, sino la multiplicidad de formas y frecuencias de migración y movimiento y la conexión entre las comunidades. Aun asentándose permanentemente en otro lugar, los lazos transnacionales constituían un factor de importancia fundamental (ibíd., 4).

La mayoría de los que llegaron a la California en aquella etapa no eran comerciantes, sino trabajadores agrícolas y pescadores del Sur y Sureste de China (*punti* y *hakka* como los "culíes"), y casi todos eran hombres. A diferencia de los culíes, de los que emigraban a las Américas en condición libre una buena parte pertenecía a las clases medias, igual que otros migrantes que se trasladaban a las Américas. Después de migrar internamente a ciudades mayores, dieron el paso a la migración transpacífica "para acumular riqueza adicional y para mantener la prosperidad y el estatus de la familia en China para generaciones futuras" (Lee 2003, 113). Provenían principalmente de la región del delta del Río de las Perlas y otros municipios cercanos de la provincia de Cantón (hoy Guangdong), hoy altamente productiva.[53] Según McKeown, la gran mayoría incluso eran oriundos de solamente siete municipios, un área comparativamente pequeña donde se hablan el cantonés y varios dialectos del mismo, el hakka y el dialecto de Chaozhou: los 'cuatro condados', *Siyi* (四邑 en mandarín y *Sze Yap* en cantonés) y los 'tres condados', *Sanyi* (三邑 en mandarín y Sam Yup en cantonés)[54]. El 15% de los migrantes chinos a lo Estados Unidos, Hawái y al Perú eran hakka (McKeown 2001, 62-

53 Forma la parte de la provincia de Cantón (hoy Guangdong) que hoy en día, con Macao y Hong Kong, está aspirando a transformarse de una de las regiones económicas más productivas del mundo en una de las más innovadoras, siguiendo el ejemplo de la Gran Bahía de San Francisco y emulando el modelo del Silicon Valley (Cyrill 2018; Preen 2019).

54 Siyi: Taishan (台山縣), Kaiping (開平縣), Enping (恩平縣) y Xinhui (新會縣); Sanyi: Nanhai (南海), Panyu (番禺) y Shunde (⊠德), todo en mandarín y transcripción pinyin. Los límites municipales de entonces no concuerdan exactamente con los de hoy, y hoy en día casi todos están integrados en ciudades.

63).[55] Los Sanyi que migraban a los Estados Unidos eran menos numerosos que los Siyi, pero de origen social más próspero, entre ellos muchos comerciantes, sobre todo del municipio de Nanhai (López 2013, 168).

Las causas para su migración fueron múltiples. Paralelamente a la atracción de un futuro mejor, los factores que los impulsaron a emigrar obedecían sobre todo a una situación difícil en su región de origen. Tradicionalmente se han mencionado superpoblación, escasez de tierra, conflictos armados y la presión del imperialismo occidental como factores que contribuyeron a un clima que les facilitaba su decisión (Lee 2003, 112). Entre los conflictos que sacudieron aquella región resaltan la Rebelión Taiping (1850-1864), una Guerra Civil de dimensiones enormes, y conflictos locales como la Revuelta de los Turbantes Rojos (1854-1856) y la guerra étnica entre *punti* y *hakka* (1856-1870) que también fue sentida en las comunidades emigrantes en las Américas (Chen 1997, 525-526; Martín 1939).

Chen pone en duda esta opinión tradicional, ya que no explica por qué se tuvieron que desplazar tan lejos y en cantidades tan altas, y casi exclusivamente desde esta región. Indica que hay que tener en cuenta las causas estructurales a largo y mediano plazo y las dinámicas subyacentes de este fenómeno. De hecho, apunta al hecho de que el delta del Río de las Perlas en aquellos tiempos era una región floreciente y una de las más prósperas de China. Por lo tanto, con respecto a la migración a la California se trataba "más de una elección que de una fuga desesperada" (Chen 1997, 522). Atribuye los factores estructurales que facilitaron la emigración al desarrollo especial que Cantón (la provincia y especialmente su capital de provincia del mismo nombre) había experimentado en establecer relaciones con potencias extranjeras. Es decir, mientras no niega que hayan existido condiciones adversas y mucha necesidad, opina que éstas no se daban más que en otras regiones de China, y por lo tanto resultan claves los nexos estrechos que la región pudo desarrollar con las potencias

---

55 Lai precisa que en el caso de Hawái el 25% eran hakka, y el resto de Xiangshan (2004, 20).

occidentales que luego iban a controlar todo movimiento por el Pacífico. Otro factor al que le atribuye gran importancia se entrelaza con la proximidad a los puertos de emigración, y es el de la migración en cadena; es decir, los primeros que migraban estaban "abriendo el camino a seguir a sus vecinos y aldeanos" (ibíd., 526). Este fenómeno también lo analizó López (2004) en su trabajo sobre inmigrantes chinos en Cuba.

El acercamiento a los motivos personales de los migrantes y a sus autoadscripciones identitarias es bastante complicado, incluso para ellos mismos. Según McKeown, esto se puede observar en el relato de Lee K. K., un lavandero entrevistado por el sociólogo Paul Siu en 1930: "Nosotros los que vivimos en ultramar no podemos encontrar ningún lugar en China. Solamente podemos gastarnos el dinero cuando regresamos a China. No importa cuánto dinero llevemos a nuestra casa [esto es, China], en el momento en que ese dinero esté gastado tenemos que volver aquí [a los Estados Unidos]" (Siu citado en McKeown 2001, 1). McKeown argumenta que en su visión no entra la noción de su propia identidad transnacionalizada porque no pueden liberarse de la necesidad de definirse por su lugar de origen o por el que escogieron para hacer su vida. Lo describe como

> [...] la dificultad de producir formulaciones de identidad e historia que no están centradas en estados-nación u otros agrupamientos socioculturales basadas en el territorio. [...] Sin embargo, una perspectiva global de este tipo es necesaria para comprender los aspectos culturales y organizacionales de la migración china. (Ibíd.)

Podemos añadir que esta perspectiva se presta especialmente para el análisis de los entrelazamientos de la diáspora china en las Américas, ya que pone el enfoque en las redes, conexiones y nuevas identidades híbridas que surgen a raíz de la migración y los procesos de transculturación.

Cuando analizamos la trata de los "culíes" más arriba, vimos que la primera Guerra del Opio llevó a la ocupación de Hong Kong por los británicos, lo cual, entre otros efectos, favoreció el control del acceso al Pacífico para los anglosajones. Con el hallazgo del oro en la California, también llegaron noticias sobre el desarrollo de un mercado de consumidores a causa de las fortunas que supuestamente inundaban toda aquella región de la noche a la mañana. Dicen que el primero que dio la noticia fue Chum Ming, un comerciante de Cantón que se asentó en San Francisco en 1847 y notificó a su amigo Cheong Yum en Cantón del hallazgo de oro con una carta en 1848. (Lai 2004, 86). La noticia hizo que los comerciantes de Hong Kong inmediatamente se lanzaran al negocio transpacífico. Cuando los ingleses se hicieron con Hong Kong correspondía a su interés convertir su colonia en un puerto franco como *entrepôt* para el comercio británico con China. Pero "nadie lo hubiera previsto" (Sinn 2013, 43) que también lo fuera para la migración de miles y miles de personas de China a California.

En 1849 se embarcaron 300 chinos en Hong Kong para San Francisco, en el próximo año 450 y en 1851 fueron 2700, de los cuales muchos regresaron con oro en sus manos, mostrando que el mito era realidad (aunque tanto ellos como las compañías marítimas exageraran las posibilidades de hacerse rico para promocionar su negocio) (Sinn 2013, 3). Entre 1852 y 1854, las cifras explotaron: solamente entre marzo de 1852 y febrero de 1853 llegaron de Hong Kong a San Francisco 17246 personas en 86 barcos (ibíd., 314-320, apéndice 3). Después de haberse terminado la fiebre del oro y convertida la extracción de este metal precioso en una empresa industrializada con una fuerza laboral asalariada (Kanazawa 2005, 782), se redujeron considerablemente tanto el número de los que viajaban como el de los que se quedaban en California y desde allí siguieron para otras regiones del Oeste estadounidense. A pesar de esto, otras oportunidades laborales como el trabajo en las líneas de ferrocarril, en la industria maderera, la pescadería, la agricultura, la minería y un gran número de trabajos en las ciudades (de lavanderos, en restaurantes y otros) seguían atrayendo a cantoneses de forma constante. Entre 1852 y el primer cuarto de 1876, unos 214000 chinos llegaron a San Francisco, mientras unos 90000 regresaban en el mismo período a Hong

Kong. Esto deja un saldo total de unos 124000 que parecen haberse quedado en los Estados Unidos (Sinn 2013, 312, tabla A2.1).[56]

Las cifras no son exactas, pero corresponden aproximadamente a la cifra de 105465 personas de origen chino (100686 hombres y 4779 mujeres) que según el censo de 1880 vivían en los Estados Unidos en aquel año[57]. Frente a una población total de casi 50,3 millones de personas[58], la población china conformaba alrededor de un 0,2 por ciento, y las mujeres chinas solamente un 0,01 por ciento. Sin embargo, su porcentaje bajísimo de toda la inmigración a los Estados Unidos no los protegía del racismo que iban a enfrentar:

> No obstante su número pequeño, inmigrantes chinos eran el blanco de hostilidad racial, leyes discriminatorias y violencia. Este racismo se basaba en una ideología americana orientalista que homogeneizaba Asia como una entidad indistinguible y posicionaba y definía al Oeste y al Este en términos diametralmente opuestos, utilizando estas distinciones para reivindicar la superioridad americana y angloamericana. (Lee 2003, 25)

En las próximas páginas analizaremos cómo se desenvolvieron estas actitudes en las distintas fases de discriminación y exclusión de los chinos en los Estados Unidos.

4.2. Primera fase de discriminación de inmigrantes chinos (1848-c. 1865)

Aun antes del comienzo de la era de la exclusión formal en 1882 ya existían múltiples formas de discriminación contra los chinos, de lo cual tratará este capítulo. Desde el comienzo de la migración de

---

56 Chang habla de unos 300000 que llegaron entre 1852 y 1882, y de unos 200000 que regresaron a China (2012, 146).

57 Calculado a base de los datos en la tabla "Population, by Sex and Race, 1790 to 1970" (U.S. Bureau of Census 1975, part 1, 14).

58 "Annual Population Estimates for the United States: 1790 to 1970" (U.S. Bureau of Census 1975, part 1, 8).

China a los Estados Unidos a finales de la década de los 1840, inmigrantes chinos se habían asentado no solo en San Francisco, sino también en varias partes de toda la costa del Pacífico de los Estados Unidos y en los estados del Oeste donde podían emplear su mano de obra. En las primeras décadas, la migración a los Estados Unidos no estaba limitada, pero el acceso a la ciudadanía según la Ley de Naturalización de 1790 contemplaba solamente a inmigrantes que eran "blancos" y libres y de buen carácter:

> Que cada extranjero, siendo una persona blanca libre que debe de haber residido en los límites y bajo la jurisdicción de los Estados Unidos por el término de dos años, puede ser admitido para devenir ciudadano de los mismos, [...] probando [...] que es una persona de buen carácter [...].[59]

Esto reflejaba los parámetros con que la mayoría de estadounidenses de "blancos" (el 89% eran productos de la inmigración inglesa y escocesa e irlandesa y casi todo el resto de la alemana, danesa y sueca) protestantes (el 99% de la población) excluía a la parte indígena de la población y a los de origen africano, tanto esclavizados como libertos (Almaguer 1994, 23).

Con la anexión de la California a los Estados Unidos, la "población multirracial" (De Graaf, Mulroy y Taylor 2001, 6) que había vivido allí durante el dominio colonial español y el de los Estados Unidos Mexicanos también iba a sufrir las consecuencias de la aplicación de esta y otras leyes que racializaron a los Estados Unidos de América de una forma bien diferente. La anexión de la California mexicana y la inmigración masiva que la siguió de inmediato no solo le asestaron un golpe fatal a la población indígena, sino que también afectaba a los afroamericanos que vivían allí:

---

59 *1790 Naturalization Act*, Sess. II, Chap. 3; 1 stat 103. 1st Congress; March 26, 1790. El período de estancia necesario para hacerse ciudadano fue prolongado a cinco y luego a 14 años en 1795 y 1798, respectivamente. Véase *1795 Naturalization Act*, Sess. II, Chap. 19, 20; 1 stat 414. 3rd Congress; January 29, 1795 y *1798 Naturalization Act*, Sess II, Chap. 54; 1 stat 566. 5th Congress; June 17, 1798.

> Estos dos eventos marcaron el final de una era para la pequeña población de afroamericanos en la California. La fiebre del oro rápidamente "americanizó" la California, y leyes racialmente restrictivas y la esclavitud de negros pronto le siguieron. (Ibíd., 8)

Esta "americanización" fue producida por una inmigración masiva de hombres "blancos" de otras partes de los Estados Unidos y sobre todo por la de inmigrantes del centro y norte de Europa. Mientras en 1850 el grupo de inmigrantes más grande todavía lo constituían los mexicanos (sobre todo mineros del estado mexicano de Sonora), en los años que siguieron pronto lo conformaban los inmigrantes europeos, seguidos por los chinos. De los 146528 inmigrantes que vivían en la California en 1860, el 45,74% eran irlandeses (33147), alemanes (21646) e ingleses (12227), frente a 34935 chinos (23,8%) y 9150 mexicanos (6,24%) (Almaguer 1994, 27). Los indígenas que vivían en California en 1850 también se vieron no solo confrontados, sino asimismo diezmados por el auge de la población no indígena en tan poco tiempo, de la cual la mayor parte eran hombres solteros de origen europeo. Se estima que mientras en 1850 vivían unos 100000 indígenas en la California, en 1870 solo quedaba una quinta parte de ellos (ibíd., 26, 29).

Aunque no iban a sufrir la misma suerte que los indígenas, afroamericanos y otros no considerados "blancos", pronto se dieron cuenta de que la movilidad social y el ascenso en la sociedad de colonización e inmigración por un lado quedaban reservados para un solo grupo,

> [...] la "clase productora" blanca. Sus miembros eran vistos como los únicos "portadores de valores" en el nuevo orden social […]. Las poblaciones no blancas, por otro lado, continuaron siendo vistas como obstáculos poco gratos para la movilidad económica de americanos europeos. (Ibíd., 32)

Es decir, con la anexión de la Alta California mexicana, su transformación en "un dominio blanco masculinista para hombres euroamericanos encontró apoyo popular en ideologías racializantes que racionalizaban la posición superordinada de la población blanca" (ibíd.).

La ideología de la doctrina de expansión del destino manifiesto que había sido la base para la expansión hacia el Oeste del continente norteamericano también sirvió de fundamento para la legitimación y justificación de una colonización de todo el territorio de los Estados Unidos ahora comprendido entre los dos océanos.

Al principio, esto todavía no afectaba tanto a los inmigrantes chinos, los cuales todavía no entraban en el esquema de clasificación racial de forma normativa. No fue hasta la Ley de Naturalización de 1870 que chinos fueron diferenciados formalmente de blancos y negros como otra "raza" (Wong 2015, 4). Además, a finales de la década de 1870 se exacerbó la discriminación contra los chinos hasta desembocar en la adopción de la Ley de Exclusión de Chinos de 1882 a nivel federal. Sin embargo, ya antes de las campañas coordinadas contra los chinos hubo dinámicas de discriminación y violencia contra ellos, por lo cual echaremos un breve vistazo a la primera fase antes del comienzo de la era de la exclusión.

Sabemos que en esta fase de la historia de los Estados Unidos, uno de los "aspectos más oscuros [...] es la manera de que ciertos grupos étnicos fueron tratados por la mayoría étnica predominantemente blanca" (Kanazawa 2005, 779). Antes de la Guerra Civil, el desarrollo económico se basaba en gran parte en la explotación de esclavos africanos y la expulsión y exterminación de los indígenas en favor del desarrollo del vasto territorio incorporado por la expansión continental. Según Kanazawa, los inmigrantes chinos representaban "el tercer ejemplo de cómo minorías étnicas fueron maltratadas en este período" (ibíd.), con la diferencia de que inmigraron voluntariamente.[60]

La extracción de oro entonces era una empresa de trabajadores a cuenta propia que competían acérrimamente por el acceso a los

60 Beth Lew-Williams nos recuerda que historiadores frecuente y equivocadamente tienden a minimizer la violencia contra chinos cuando comparan los números con la "violencia asombrosamente letal que desatada en contra de los indígenas y afroamericanos" (2018, 3).

mejores cotos. En este entorno, todos los mineros se hacían competencia, pero "mineros extranjeros y especialmente mineros chinos recibían el grueso del antagonismo por parte de los mineros nativos [euroamericanos], en parte porque era más fácil abogar por su exclusión de forma razonable" (Kanazawa 2005, 782). Incidencias de mineros expulsando a mineros extranjeros a mano armada – individualmente o en grupos – se dieron con frecuencia. Las primeras incidencias de violencia directa contra los chinos eran revueltas en las zonas de actividad minera, como la revuelta de Tuolumne en 1849 (Chen 1992, 4; Lai 2004, 88). En 1850 se introdujo una ley del estado californiano que imponía la suma (entonces exageradamente alta) de 20$ por mes a todos los mineros extranjeros, que en aquel tiempo todavía eran sobre todo latinoamericanos de México y América del Sur. A pesar de no alcanzar ni lejanamente el rendimiento intentado, según algunas estimaciones logró su propósito implícito de deshacerse de los mineros mexicanos, de los cuales posiblemente 10000 pueden haber sido desplazados por la medida. Pronto abrogada, en 1853 fue reemplazada por un impuesto per cápita de 4$ mensuales a todos los mineros extranjeros que rindió ingresos importantes al estado californiano. Otra medida que se dirigía de forma más directa contra la inmigración china era el impuesto de conmutación introducido en el mismo período que requería a compañías marítimas depositar una fianza de 500$ por cada pasajero extranjero, la cual se podía cambiar por un pago inmediato de entre 5 y 50 dólares (Kanazawa 2005, 784-786). En 1854, una enmienda a la ley de impuestos estipuló que el impuesto se iba a aplicar exclusivamente a los mineros chinos (McClain y Wu McClain 1991, 4). La aplicación de impuestos se convirtió frecuentemente en un instrumento utilizado en detrimento de los inmigrantes chinos.

El rechazo por buena parte de los mineros euroamericanos que querían deshacerse de la competencia de los chinos fue acompañado por la élite política del estado, aunque hubo opiniones opuestas. En 1851 y principios de 1852 el entonces gobernador de California, John McDougal, elogió a los inmigrantes chinos como "una de las más valiosas clases de nuestros ciudadanos recién adoptados – para quienes el clima y el carácter de estas tierras es particularmente apto."[61] Sin embargo, sólo meses más tarde su sucesor, el gobernador John Bigler, pensando en sus votantes mineros "blancos" abogó por la exclusión de los chinos del estado y el partido demócrata aprobó oficialmente la primera resolución antichina durante su convención en Benicia (Chen 1992, 4). Eran tiempos de altibajos para la comunidad china, cuyos representantes libraban una lucha legal para que sus miembros fueran aceptados con derechos iguales a los de los demás inmigrantes, que – después de un tiempo – podían obtener la ciudadanía.

Los representaban las asociaciones de comerciantes cantoneses en San Francisco oriundos de la zona Sanyi quienes protestaron estas y otras medidas y publicaron defensas que – si no estaban escritas en inglés – se tradujeron del cantonés al inglés para su mayor diseminación (Lai 2004, 88). Una de ellas fue presentada por Norman Asing, también conocido como Sang Yuen. Oriundo del delta del Río de las Perlas, había viajado desde Macao a Europa y desde allí a Nueva York, donde decidió quedarse alrededor de 1820. Pasando por otras partes de los Estados Unidos, a principios de los 1850 se había asentado en San Francisco donde era propietario de un restaurante, uno de los fundadores de la asociación de distrito Yeong y un portavoz conocido de la comunidad china. El 25 de abril de 1852, el diario *Daily Alta California* publicó su refutación a Bigler. Usando toda su elocuencia y claridad de argumento, Asing refuta cada argumento del entonces gobernador John Bigler:

> Usted está profundamente convencido, como dice, "que para realzar la prosperidad y preservar la tranquilidad de este Estado, la inmigración asiática debe de ser refrenada." Esto, su Excelencia, sería el primer paso hacia el movimiento retrógrado del gobierno. (Asing 1852, 10).

---

61 Citado en Barth (1964, 136). Vease también McClain (1994, 9).

Refiriéndose a la esencia fundacional de los mismos Estados Unidos – la inmigración –, le recuerda a Bigler que él también proviene de inmigrantes:

> [...] la inmigración hizo *de usted lo que es* [sic] – y de su nación lo que es. [...] Estoy seguro que su Excelencia no puede, aunque lo quisiera, prevenir ser llamado el descendiente de un inmigrante, porque estoy seguro que no se jactaría de ser el descendiente del hombre rojo. (Ibíd.)

Con esto, retoma el argumento racista de la superioridad de la "raza blanca" y de la civilización europea con el que Bigler intenta quitarles a los chinos el derecho de pertenecer a la nación:

> Pero su lógica que sigue es aún más reprensible. Usted argumenta que esta es la república de una raza particular – que la constitución de los Estados Unidos no admite asilo a otros que no sean los de la cara pálida. Esta propuesta es falsa en extremo, y usted lo sabe. La declaración de su independencia, y todos los actos de su gobierno, su pueblo y su historia, están en contra de usted. (Ibíd.)

Con esto, Asing se refiere a la igualdad de todos los inmigrantes en este país, basada en el principio de la igualdad de todos los seres humanos, inscrita como una de las "verdades evidentes" en la Declaración de Independencia de los Estados Unidos de 1776: "Nosotros consideramos estas Verdades de ser evidentes, que todos los Hombres son creados iguales [...]" (*U.S. Declaration of Independence*). Incluso argumenta que a pesar de las diferencias fisionómicas evidentes no es justo establecer una jerarquía o desigualdad entre las "razas" humanas:

> En lo que se refiere a color y complexión de nuestra raza, estamos perfectamente conscientes de que nuestra población han [sic] sido un poco más morenas que las de ustedes. Sin embargo, su Excelencia descubrirá que estamos igualmente aliados a la raza *africana* y el hombre rojo que lo está usted mismo, y que en lo que se refiere a la aristocracia de la *piel*, la nuestra podría compararse con muchas de las razas europeas; tampoco consideramos que su Excelencia, como

> Demócrata, quisiera hacernos creer que los que formularon su declaración de derechos en algún momento hayan sugerido que fuese apropiado establecer la aristocracia de la *piel.* (Asing 1852, 11; cursivas en el original.)

Advierte además que la superioridad de la cultura china había sido notada y respetada por muchos estudiosos y personas cultas de origen europeo, lo cual hace parecer tanto más equivocado el argumento de la superioridad cultural, moral y racial eurodescendiente que alegaba Bigler.

También había euroamericanos que defendían la comunidad china. Entre ellos figuraba un reverendo presbiteriano, William Speer, que ya había estado en Cantón en una misión para cristianizar a los habitantes de esta región. En 1852, la Junta Presbiteriana de Misión Extranjera (*Presbyterian Board of Foreign Mission*) lo envió a California para continuar su labor de misión con los inmigrantes chinos (Stahler 1970, 114), considerados "paganos", un epíteto frecuentemente utilizado por la prensa californiana para denigrarlos y marcarlos como diferentes. A diferencia de la situación en China, en California los misioneros podían contar con el apoyo del gobierno y de una sociedad obsesionada con la conversión a la religión prevalente, como lo interpretó L. Ling-Chi Wang: "De hecho, el deseo americano de convertir a los chinos paganos era una obsesión nacional" (2008).

Speer hablaba fluidamente el cantonés y rápidamente se convirtió en una persona de confianza para la comunidad china de San Francisco. Mientras tenía la esperanza de que los chinos cristianizados volvieran a su lugar de origen para multiplicar el número de creyentes de esta variante del cristianismo, se preocupaba por la aversión creciente que tenían que enfrentar los chinos en California. En 1855 comenzó a publicar el periódico *Oriental* (*Tung-ngai san-luk*) en una versión cantonesa (diario) y otra bilingüe (tres veces por semana). Aparte de su misión religiosa, este periódico abogaba por revertir la legislación discriminatoria contra los chinos. Gracias a presiones de este y otro tipo, efectivamente se revirtió la ley de impuestos de 1855 y se redujo la capitación a 4 dólares mensuales (McClain 1994, 19-20.

Las protestas de Asing y otros representantes de la comunidad china y de personas como Speer que abogaban en su favor eran temporalmente exitosas, sobre todo debido a que la situación fiscal del estado era tan desastrosa, por lo cual los impuestos que pagaban los chinos, en comparación con sus gastos ínfimos de servicios públicos como educación y hospitales, eran de importancia vital para el funcionamiento y desarrollo de la California en aquellos años iniciales (Kanezawa 2005, 781). Aun así, tanto a nivel local como a nivel estatal se siguió aprobando legislación dirigida a la exclusión de los chinos. Por ejemplo, en 1854, la comunidad china recibió un golpe duro con la decisión de la Corte Suprema de California que dictó el fallo que ningún chino podía servir como testigo en contra de una persona "blanca". En el hoy tristemente conocido juicio "El Pueblo contra Hall" (People v. Hall), la Corte Suprema de California deliberó sobre el caso de George W. Hall que apelaba el veredicto que lo había declarado culpable de asesinato del minero Ling Sing. Los testigos, igual que la víctima, eran de origen chino. En su decisión, el juez Hugh C. Murray siguió el argumento de los abogados de Hall y tomó la decisión que inhabilitaba a todos los chinos para servir de testigos ante la ley. Hall fue absuelto y el asesinato quedó impune. El significado de este caso llega hasta hoy en día porque transcendió con creces el caso entre dos individuos, a pesar de la gravedad del crimen.

¿Cuál fue la argumentación de Murray y qué implicaciones conllevaba? La sentencia racializaba a los individuos implicados, ampliando la distinción ya existente entre personas "blancas" y "no blancas" a los chinos. Los indígenas y los afroamericanos ya habían sido excluidos de participar en la sociedad como ciudadanos y despojados de varios derechos humanos, siendo expuestos a discriminación, exclusión y explotación severas. Esto último se reflejaba tanto en el derecho civil como en el derecho penal que estipulaba:

> A ninguna persona negra o mulata, o india, le debe ser permitido atestiguar en favor o en contra de cualquier persona blanca. Toda persona que tenga una octava parte o más de sangre de Negro [sic] debe de ser considerada mulata, y toda persona que tenga la mitad de sangre de indio debe de ser considerada india.[62]

Formalmente, hasta aquel momento los chinos todavía no habían sido excluidos de la sociedad estadounidense, pero ahora la Corte Suprema de California les asignaba un estatus igual al de los indígenas y los afroamericanos que no tenían derecho de acceder a la ciudadanía. En su sentencia, el juez Murray argumentaba: "*Dado* que las palabras indio, negro ['Negro'], negro ['Black'] y blanco son términos genéricos designando raza. Por lo cual chinos y todas las demás gentes no blancas son incluidas en la prohibición de ser testigos contra blancos", a lo cual más abajo le añadía la categoría "mulato".[63] Con esto contribuyó de manera significante a la implementación de concepciones racistas en la ley y estableció un precedente de desigualdad que iba a influir decisiones futuras sobre el estatus étnico de todos los habitantes del estado de California y más allá. Para argumentar la inclusión de los chinos en el grupo de los excluidos, Murray se extendió largamente (remontándose al arribo de Cristóbal Colón en las Américas y su invención del "indio") para llegar a la conclusión de que tanto los indígenas en las Américas como los pueblos de Asia y del Pacífico pertenecían a la misma "raza" – la "mongol, o asiática" (ibíd.). Estableció además explícitamente una norma abiertamente denigrante hacia los inmigrantes no europeos, como manera de tratar de evitar "consecuencias anómalas" (ibíd.) mediante esta sentencia:

> El hombre europeo que viene aquí no estaría protegido del testimonio de la casta degradada y desmoralizada, mientras el negro, acabado de

---

62 "An Act concerning Crimes and Punishments", en: California State Assembly: *Statutes and Amendments to the Codes 1850*, Statute 99 §14, p. 230.

63 Supreme Court of California: "THE PEOPLE, Respondent, v. GEORGE W. HALL, Appellant. Cal. 1854." En adelante citado *People v. Hall*. Cursiva en las citas del original.

> llegar de la costa de África, o el indio de Patagonia, el canaco, los nativos del Mar del Sur o Nuevos Holandeses, al llegar serían admitidos a atestiguar en contra de ciudadanos blancos en las cortes de justicia. Argumentar este tipo de propuesta sería un insulto al buen juicio de la legislatura. (Ibíd.)

Refiriéndose al argumento inicial de la Ley Federal de Naturalización (originalmente de 1790), Murray vuelve a poner énfasis en la excepcionalidad y superioridad que le atribuye a la "raza" blanca, que la distingue de todas las demás "razas": "La palabra 'blanco' tiene un significado distinto, que *ex vi termini* excluye negro, amarillo, y todos los demás colores" (ibíd., cursiva en el original). Como podemos observar, su creación de "blanquitud" la trata de conseguir tanto mediante la postulación del excepcionalismo y de la singularidad de la "raza blanca" como por el enaltecimiento de "los blancos" a base de patrones bioéticos. Según Murray, la negación de la igualdad entre todas las personas es una consecuencia lógica de las diferencias naturales entre los seres humanos según sus propiedades físicas y su carácter. Con esto quiere deshacerse discursivamente de la responsabilidad por su decisión racista, buscando recurso y excusa en fuerzas naturales que se encuentran fuera de su alcance. Y para fomentar más su argumento, describe las potenciales consecuencias de una supuesta igualdad entre las "razas", en específico entre los habitantes californianos de origen europeo y los de origen chino como una amenaza:

> La misma regla que los admitiera a atestiguar los admitiría a todos los derechos iguales de ciudadanía, y los podríamos ver pronto votando, en los jurados, en el banco [del juez] y en nuestros tribunales.
>
> Esta no es una especulación que existe en la imaginación excitada y exagerada de un patriota y hombre del estado, sino es un peligro actual y presente.
>
> El espectáculo anómalo de un pueblo distinto que vive en nuestra comunidad, no reconoce ninguna ley del Estado sino por necesidad, trayendo con ellos prejuicios y disputas nacionales en los cuales se regocijan violando abiertamente la ley; cuya mendacidad es proverbial; una raza de personas que la naturaleza ha marcado como

> inferior y que son incapaces del progreso o desarrollo intelectual más allá de cierto punto, como lo ha mostrado su historia; que se diferencian por su idioma, sus opiniones, su color y su conformación física; entre los cuales y nosotros la naturaleza ha puesto una diferencia insuperable, se presenta ahora, y para los cuales se demanda, no solamente el derecho de abjurar la vida de ciudadano, sino que además el privilegio de participar con nosotros en administrar los asuntos de nuestro gobierno. (*People v. Hall*)

Es interesante que un juez como Murray argumentara de esta forma, ya que su carácter parece haber estado diametralmente opuesto a los valores éticos que esperaba de los chinos, como lo describió años más tarde Hubert Howe Bancroft:

> Probablemente, uno de los jueces supremos más infames era Hugh C. Murray, un hombre de un carácter totalmente dejado, inmoral, venal y absolutamente corrupto. Incluso en aquellos días de laxitud desvergonzada era notorio por su falta de decoro insolente. Entre los jugadores siempre estaba en casa [...]; en las cantinas para tomar era un visitante habitual y constante [...]. Matones eran sus amigos, mujeres lujuriosas sus compañeras; era un Calígula californiano, con sus adeptos políticos, gladiadores y cortesanas. [...] Y lo que ponía las cosas peor para el país era que contra sus decisiones no había apelación – solamente del Hugh Murray borracho al Hugh Murray sobrio. (Bancroft 1888, 605-606)

Las reacciones a la sentencia *People v. Hall* por parte de la comunidad china de San Francisco fueron inmediatas. En 1855, el comerciante conocido Lai Chun-chuen atacó la decisión de Murray en una carta abierta al gobernador Bigler. Su argumentación también hacía uso de argumentos racistas: escandalizándose por la equiparación de los chinos con los indígenas y los africanos, argumentó desde una perspectiva de superioridad cultural de la civilización china. Citando la supuesta inferioridad de los indígenas como contraste con la civilización china y la europea, últimamente abogaba por la igualdad entre personas de origen chino y de origen europeo (1994, 22). Según McClain, no solamente comerciantes sino chinos de todas las clases resentían la sentencia *People v. Hall*, que los exponía a una impunidad extensa y los desanimaba de denunciar crímenes que se cometían contra ellos. El ya mencionado presbiteriano Speer había servido de intérprete cuando Hall fue condenado a muerte en la horca en 1853, y quedó atónito al ver la sentencia anulada por la Corte Suprema de California en People v. Hall, exclamando que "[...] el republicanismo, la cristiandad y toda la humanidad están todos indignados por esta decisión inicua de la Corte Suprema de California" (ibíd.).[64]

Esta actitud llevó a Speer a publicar una carta de protesta en su obra *The Oldest and the Newest Empire: China and the United States*.[65] Estaba escrita por el joven comerciante Pun Chi y traducida del cantonés al inglés por Speer, en cuya escuela misionera en San Francisco había sido alumno durante la década de 1850 (Speer 1870, 584). Escrita alrededor de 1860 en los albores de la Guerra de Secesión y dirigida al congreso de los Estados Unidos en Washington, en esta protesta Pun Chi elaboró a lo largo de diecisiete páginas las dificultades y los peligros que tenían que enfrentar los chinos en California a causa del odio xenófobo y racista. En su duodécimo y último párrafo, el autor resumió la gran contradicción que existía entre los incentivos con los cuales los estadounidenses habían impulsado la inmigración de los chinos, y el trato despectivo y violento que tenían que enfrentar:

> Cuando inicialmente fuimos favorecidos con las invitaciones de sus capitanes de navío para emigrar a California, y escuchamos los elogios que publicaban sobre el carácter perfecto y admirable de sus instituciones, y cuando nos contaron de su respeto y amor excesivos hacia los chinos, difícilmente podíamos haber calculado que ahora íbamos a ser objetos de su odio excesivo – que sus tribunales iban a negarnos el derecho al testimonio; su legislatura nos iba a sobrecargarnos con impuestos cada vez más altos e idear la mejor

64 Cita de "Chinese Testimony", *Oriental*, 18 de enero 1855, p. 3, col. 1.

65 Pun Chi: "A Remonstrance from the Chinese in California to the Congress of the United States." En Speer (1870, 588-604).

> forma de expulsarnos completamente; [...] y que villanos extranjeros, viendo vuestro trato degradante hacia nosotros, iban a asumir el derecho de acosarnos, desvalijarnos y robarnos, y posiblemente matarnos [...]. (Ibíd., 602)

Para resolver el dilema de esta discrepancia, propone dos soluciones al congreso: la primera sería decretar la expulsión total de los chinos de los Estados Unidos, para lo cual pide un margen de tres años para que todos organicen sus asuntos para regresar a su país de origen. La segunda solución sería aceptar formalmente que los chinos se quedaran y trabajaran en los Estados Unidos, lo cual debería de estar acompañado por provisiones de participación y protección legal y acabar con las "discusiones incesantes sobre la expulsión de los chinos" (ibíd., 603). Veremos más abajo que el congreso no dispuso ni lo uno ni lo otro, sino que decretó varias leyes que – aunque no expulsaran a los chinos – iban a limitar seriamente las posibilidades de participación e inmigración, sobre todo la de braceros chinos.

En su análisis del caso de *People v. Hall*, Chin observa que en la ley citada[66] hasta aquel momento se no hacía mención de los chinos, por lo cuanto "este estatuto no parecía aplicable a asiáticos" (Chin 2013, 967). Pero cuando la Corte Suprema de California los incluyó en el grupo de los que no podían atestiguar, los expuso a todo tipo de crímenes que – en caso de faltar un testigo "blanco" – iban a quedar impunes. Con esto, la impunidad ya extensa en delitos contra indígenas, afroamericanos, mestizos de ambos grupos se extendió a cualquier persona no considerada "blanca" por la ley. El argumento de incluir a los chinos en el grupo de los excluidos tuvo su repercusión en 1863, cuando "mongoles o chinos" (ibíd., 968) fueron adicionados al párrafo de esta ley penal. Al mismo tiempo, en 1863 afroamericanos ya no figuraban en este párrafo, por lo cual podían servir de testigos. Chin interpreta esto como una consecuencia de la Guerra Civil estadounidense que iba a traer la abolición de la esclavitud y la Enmienda XIV que le concedía derechos civiles y de ciudadanía a los

[66] "An Act concerning Crimes and Punishments", en: California State Assembly: *Statutes and Amendments to the Codes 1850*, Statute 99 §14.

afroamericanos. Sin embargo, esta paulatina extensión de derechos civiles para afroamericanos en aquel momento no se extendió a los chinos ni a otros asiáticos hasta la aprobación de la ley federal del Derecho a Votar (*Voting Rights Act*) en 1870 (ibíd., 968-970).

Carlin argumenta que la tradición que inició el caso People v. Hall en 1854 de devaluar el testimonio de una persona "no blanca" por tribunales total o mayoritariamente "blancos" persiste hasta hoy en día (2016, 454), igual que la creación de "blanquitud" manifiesta en este caso: "A través de casos como el de *Hall*, se caracterizó blanquitud como una categoría exclusiva" (ibíd., 457). Carlin utiliza este caso para ilustrar la tradición tristemente larga de exclusión racista que contribuyó a la absolución de George Zimmerman del asesinato de Trayvon Martin en el año 2013. Atribuye esta impunidad a la desvaloración del testimonio de la testigo principal, Rachel Jeantel, que es de descendencia haitiana y dominicana.

Volviendo a las dinámicas de exclusión en la década de 1850, nos encontramos también con leyes a nivel local y estatal que trataron de lograr la limitación de la inmigración de chinos y su presencia. En 1855, el estado comenzó a limitar la inmigración de chinos directamente, al aprobar la "Ley para Desanimar la Inmigración a este Estado de Personas quienes no pueden devenir Ciudadanos del mismo" que exigía a barcos entrantes el pago de un impuesto de 50 dólares por todas las personas "incompetentes… de hacerse ciudadanos" (Kanezawa 2005, 787).[67] En 1856, en el municipio de Tuolumne se les prohibió explícitamente a mineros de Asia y del "Mar del Sur" (es decir, de la Oceanía) trabajar como tales en el distrito de Columbia. En otros municipios se les prohibió comprar o poseer cotos mineros, a veces requiriendo que solamente los que tenían la intención de hacerse ciudadanos lo podían hacer, interpretando la ley de naturalización federal vigente que limitaba el acceso a la ciudadanía a "hombres blancos libres" (ibíd., 783) en perjuicio de los chinos.

67 Cita tomada de "An Act to Discourage the Immigration to this State of Persons who cannot become Citizens thereof," Chapter 153, *Statutes and Amendments to the Codes 1855*, 194–95.

Hemos visto que tanto a nivel estatal como a nivel local muchos euroamericanos de California, querían reducir de forma significante la inmigración china e incluso desplazar y excluir a los inmigrantes chinos. En una multitud de casos, chinos fueron agredidos, desposeídos y matados, mientras los victimarios con frecuencia quedaban impunes. La Ley federal de Naturalización que desde 1790 reservaba el derecho de ciudadanía a "hombres blancos libres" se interpretaba de tal forma que los chinos no eran considerados como parte de esta categoría, creando el marco legal para reflejar una supuesta superioridad de la "raza blanca". Por lo cual, quince años antes de que la ley federal los categorizara como "no blancos", ya se les racializaba de esta manera y se les privaba del acceso a la ciudadanía en el estado de California (Kanezawa 2005, 781; 787).

En lo demográfico, los múltiples intentos de exclusión, aunque tuvieran cierto éxito en alejar a los mineros chinos de los mejores cotos de extracción del oro, no lograron su objetivo ni antes ni después de consolidadas las finanzas del estado californiano. Y fue sobre todo por la escasez de la mano de obra que hubo gran demanda de los chinos por parte del resto de la sociedad californiana aun después de la fiebre del oro: mientras solo comprendían menos del 10% de la población del estado, contribuían el 25% de la fuerza laboral físicamente capaz de realizar las obras que se llevaban a cabo para desarrollar el Oeste norteamericano (Lai 2004, 19). Los intereses industriales que aumentaron con el auge económico y la construcción del ferrocarril transcontinental eran demasiado potentes para poder prescindir de la mano de obra que proveían los chinos. Como hemos podido observar, formalmente todavía no se habían establecido a nivel federal los mecanismos legales ni las instituciones para excluir a los chinos a base de su etnicidad, pero a nivel local y estatal, tanto formal como informal, sí se estaba cocinando el caldo xenófobo que iba a convertir a los chinos en el primer blanco del odio contra inmigrantes "no blancos" en toda la nación.

La construcción del ferrocarril transcontinental funcionó como una especie de tregua en la dinámica hacia una era de exclusión aún más severa. Unos meses después de estallar la Guerra Civil, el nuevo gobernador de California, Leland Stanford, estaba dispuesto no solo a darle continuidad a la política racista contra los habitantes chinos de este estado, sino a llevarla a otro extremo. En su discurso inaugural del diez de enero de 1862, Stanford (el fundador de la universidad prestigiosa que mantiene su apellido) anunció su posición y su plan:

> Mientras la colonización de nuestro estado es de primera importancia, el carácter de los que deberían de convertirse en colonos apenas merece menos consideración. A mi juicio está claro que la colonización de una raza inferior entre nosotros debe de ser desalentada por todos los medios legítimos. Asia, con sus millones innumerables, nos envía a nuestras costas la escoria de su población. Un gran número de esta clase ya está aquí [...]. No puede caber duda que la presencia de grupos de un pueblo degradado y distinto entre nosotros debe de ejercer una influencia perjudicial en la raza superior, y, hasta cierto punto, ahuyentar la inmigración deseable. Me dará un gusto enorme concurrir con la legislatura en cualquier acción constitucional que tenga por objetivo la represión de la inmigración de las razas asiáticas. (*Leland Stanford Inaugural Address*)

Semanas después, la legislatura formó una junta de tres senadores y tres miembros de la asamblea con el objetivo de conferir con representantes de la clase mercante de los chinos en California sobre las posibilidades de permitir un asentamiento permanente de los chinos en el estado. Su informe tenía un tono marcadamente en favor de la inmigración china, lo cual ante el trasfondo del racismo creciente contra los chinos "parece casi una anomalía histórica" (McClain 1994, 25). Según McClain este fue el último informe de un órgano del estado de California que se pronunciaba positivo sobre los chinos californianos en todo lo que quedaba del siglo XIX. El informe elogiaba a los chinos como "apacibles, pacientes, laboriosos" (ibíd., 26) y subrayaba que contribuían significantemente a construir este estado por medio de sus habilidades laborales y los impuestos que pagaban. Además adujo que no había indicios que les estaban quitando el trabajo a los trabajadores "caucásicos" (ibíd.), concluyendo que – dadas las múltiples restricciones que se les había impuesto – no representaban ninguna amenaza.

Sin embargo, el informe no frenó que en abril de 1862 el gobernador firmara una ley aprobada por ambas cámaras legislativas bajo el título "Una Ley para proteger el Trabajo Blanco Libre contra la competencia del Trabajo Chino Culí y para desalentar la Inmigración de los Chinos en el Estado de California".[68] El instrumento que instituyó esta ley era un impuesto de capitación llamado "Impuesto Policial Chino" (*Chinese Police Tax*) que se aplicaba exclusivamente a adultos de "la raza mongol" (ibíd.). La respuesta de la clase mercante china fue inmediata, y mediante el caso *Lin Sing v. Washburn* finalmente se pudo revertir esta ley a base de que tocaba la competencia de regular el comercio con el exterior que era el dominio del Estado Nacional y no del estado de California (McClain 1994, 27-29).

4.3. La construcción del ferrocarril transcontinental y un tiempo de esperanzas

El historiador Gordon H. Chang propone preguntar por qué desde los primeros momentos del comienzo de la inmigración china a los Estados Unidos (y su discriminación inmediata) y la aprobación de la Ley federal de Exclusión de Chinos en 1882 tuvieron que pasar tres décadas (Chang G. 2012, 146). En congruencia con lo que notamos más arriba, Chang argumenta que a pesar de los múltiples intentos de exclusión, sobre todo en los estados del Oeste estadounidense, a nivel nacional la importancia del comercio a través del Pacífico y particularmente con el Imperio Chino constituían un elemento clave para el progreso de la nación:

> El acceso a China, y de forma más general el comercio por el Pacífico, la inmigración china libre y el futuro del bienestar de América formaban una visión íntegra en las mentes de americanos importantes – entre ellos líderes del negocio, políticos y religiosos – durante buena parte del siglo diecinueve. Esta visión inspiró su

68 California State Assembly, Office of the Chief Clerk: *Statutes and Amendments to the Codes 1862*, Ch. 339, 1862 Cal. Stat. 462.

> oposición potente contra restricciones inmigratorias y frustraba a exclusionistas hasta que los paisajes nacionales y la diplomacia internacional crearon condiciones para una exclusión exitosa. (Ibíd., 147)

Siguiendo el análisis minucioso de McClain, creemos sin embargo que no se puede concebir la exclusión como "fracasada" antes de 1882 y "exitosa" después. Más bien, vemos que existían dinámicas de exclusión potentes y variables que en el primer período se limitaron a California y las regiones aledañas con sus altibajos y procesos de negociación más o menos exitosos, y que en el segundo período se extendieron a nivel nacional por varias razones que describiremos más abajo. Pudimos observar que hubo un período de esperanza que aproximadamente coincidía con la era de la Reconstrucción (1865-1877). Volviendo a la década de los años 1860, vemos que el caso *Lin Sing v. Washburn* en 1862 que probó la inconstitucionalidad dc la ley racista del "Impuesto Policial Chino" (Baxter 2008, 32) fue una victoria significativa para la comunidad china de California. Aparte de la resistencia de la comunidad china, la necesidad de su mano de obra en el momento clave de la construcción del ferrocarril transcontinental parece haber abierto una vía inesperada para que hasta los políticos más racistas y recalcitrantes de California cambiaran su actitud. En una nota al pie de la página, McClain cautelosamente propone que esto pudiera haber sido el caso:

> El renovado interés caucásico en las injusticias contra los chinos puede haber tenido alguna conexión con la importancia renovada de que los chinos iban a recobrar en la economía del estado. A principios de 1865, Charles Crocker y Leland Stanford de la Central Pacific Railway [sic], ansiosos por echar adelante la sección occidental del ferrocarril transcontinental e incapaces de asegurar una fuerza laboral blanca adecuada y fiable, decidieron experimentar con un pequeño equipo de trabajadores chinos. El experimento fue un éxito enorme, y al cabo de un año varios miles de chinos, muchos de ellos anteriormente mineros que ahora estaban buscando un trabajo más

> remunerativo en otros sectores de la economía, terminaron trabajando duro en la plantilla del ferrocarril en las pendientes occidentales de la Sierra Nevada. (McClain 1994, 298, nota 163)

Stanford y Crocker formaban los Cuatro Grandes (*Big Four*) junto a Collis Potter Huntington y Mark Hopkins, que eran los dueños de la compañía Central Pacific Railroad, y se esperaban ganancias enormes de este proyecto de importancia central para la unión y el desarrollo del país. La construcción del primer ferrocarril transcontinental al norte de Panamá había comenzado en 1864, pero el progreso dejaba mucho que desear, sobre todo cuando las obras se acercaron a las zonas más peligrosas e inhóspitas de la Sierra Nevada californiana. Crocker trató de convencer a Stanford y a los demás de la utilidad de los trabajadores chinos, argumentando que "la raza que construyó la Gran Muralla de China seguramente iba a ser útil para construir la línea de ferrocarril [...]" (Kraus 1969, 43). Finalmente, la escasez de mano de obra a finales de la Guerra Civil, también resultado de la liberación de los esclavos africanos, convenció a los que hasta entonces habían mantenido una posición abiertamente racista y excluyente contra los chinos.

El clima sociopolítico era propicio: el 19 de febrero de 1862, el entonces presidente Abraham Lincoln había firmado una ley para prohibir la "trata de culíes" ("Act to Prohibit the 'Coolie Trade' by American Citizens in American Vessels"). Con esta ley, los Estados Unidos les prohibieron a todos los que vivían en su territorio emplearse en la trata de "culíes". Originalmente diseñada para evitar la inmigración de chinos bajo este régimen de semi-esclavitud, también es considerada como la primera ley que regulaba la inmigración libre, imponiendo los primeros controles migratorios de los Estados Unidos a un solo grupo – los chinos:

> En otro sentido, la ley era el primer estatuto federal para restringir la inmigración a los Estados Unidos. A partir de ahí, migrantes chinos iban a tener que probar a cónsules estadounidenses que eran inmigrantes "libres y voluntarios" – y no culíes [...]. (Jung 2006, 37)

Abolida la esclavitud por la Proclama de Emancipación de 1863 "que cambió fundamentalmente el carácter de la Guerra Civil por vincularla al asunto de la esclavitud" (Wong 2015, 23) y la Enmienda XIII en 1865, todos los afroamericanos ahora finalmente estaban formalmente libres y podían elegir su lugar de trabajo. Además la Enmienda XIV, adoptada en 1868, les garantizaba a todas las personas nacidas en el país o naturalizadas el acceso a libertades civiles fundamentales, la igualdad ante la ley y la protección por las leyes de la nación, por ejemplo mediante la Ley de Naturalización (*Naturalization Act*) de 1870.[69] Sin embargo, en aquellos momentos estos derechos no se extendieron a los chinos.

Aun así, solo meses después de que Lincoln declarara la abolición de la esclavitud de africanos, en el mismo 1865 Stanford, que durante su mandato de gobernador (1862-1863) había estado promocionando la exclusión de la inmigración china a base de la supuesta "inferioridad racial" de los inmigrantes chinos, tomó un tono totalmente diferente. En un informe al presidente Andrew Johnson, el sucesor del asesinado Abraham Lincoln, Stanford elogió a los que tres años antes había denunciado como "escoria", haciendo uso del lenguaje que contenía el informe de la junta que él mismo había rechazado en 1862:

> Como clase son tranquilos, apacibles, pacientes, laboriosos y económicos. Listos y aptos para aprender todo tipo de trabajos diferentes que se requiere en la construcción del ferrocarril, pronto se vuelven tan eficientes como los trabajadores blancos. Más prudentes y económicos, se conforman con salarios más bajos. (Kraus 1969, 45)[70]

---

69 Se sabe que la discriminación de la parte afroamericana de la población estadounidense se volvió a recrudecer al terminarse la era de la Reconstrucción, especialmente con los linchamientos del Ku Klux Klan y las leyes de segregación racial de la era Jim Crow y que a pesar de los grandes logros de la era de las libertades civiles sigue vigente hasta hoy en día.

70 Cita tomada de Erie Heath, "From Trail to Rail," *Southern Pacific Bulletin*, XV (1927), Chap. XV, p. 12. En el reclutamiento y la organización de los equipos de trabajo participaron comerciantes e

Como contraste, muchos trabajadores euroamericanos no querían emplearse en un trabajo tan difícil y comparativamente mal pagado: "Una gran mayoría de la clase trabajadora blanca en la costa del Pacífico encuentra un empleo más rentable y agradable en ocupaciones mineras y agrícolas, y no en el trabajo ferrocarrilero" (ibíd., 47). Y sin duda los (en su apogeo) más de 15000 trabajadores chinos eran laboriosos: no solamente construyeron la parte más difícil y peligrosa del trecho, sino también lo hicieron en un tiempo récord, elevando al máximo la productividad y velocidad de las obras en la recta final: construyendo diez millas de línea férrea en un solo día el 28 de abril de 1869 lograron batir el récord de sus colegas irlandeses (y otros euroamericanos) que venían desde la parte oriental del país con la Union Pacific Railroad Company.

Días después, los equipos se encontraron en el territorio de Utah y completaron una de las obras más grandes del siglo XIX. Sin embargo, cuando Stanford hincó el último clavo (hecho de oro puro) en los raíles el diez de mayo de 1869 durante la ceremonia Promontory Summit, territorio de Utah, en la foto oficial no aparecía ni uno solo de los trabajadores chinos que estaban presentes en aquel acto. El mensaje que transmite esta foto, en que además tampoco se encuentran ni afroamericanos, indígenas o mujeres, podría interpretarse como que la unión y el progreso del país se estuvieran logrando exclusivamente gracias al "trabajo blanco libre" y para "hombres blancos libres".

---

intermediarios chinos de San Francisco que a cambio de comisiones garantizaban un flujo de mano de obra confiable y constante, manteniendo el control social por medio de asociaciones de clan, origen y otras (ibíd.).

Detalle de *East and West Shaking Hands at Laying Last Rail*, 1869, fotografía de Andrew J. Russel. Dominio público.[71]

La ausencia de los chinos se puede interpretar como augurio de lo que iba a venir después de haber terminado exitosamente la ardua tarea de contribuir de forma muy significante a la construcción de la línea del ferrocarril que a partir de ahora iba a unir la región del Pacífico al resto del país: ya no nos hacéis falta, ya os podéis ir.

Kraus, muy cuidadoso de no ensombrecer el 150 aniversario de aquel evento en esta publicación conmemorativa, en su descripción de este acto omite la represión que poco después sufrieron muchos de ellos después de terminar su trabajo en el ferrocarril, y la era de la exclusión que esperaba a los que estaban por venir:

---

71 https://upload.wikimedia.org/wikipedia/commons/5/5d/East_and_West_Shaking_hands_at_the_laying_of_last_rail_Union_Pacific_Railroad_-_Restoration.jpg.

> Con la terminación del [ferrocarril] Central Pacific, muchos trabajadores chinos se trasladaron a otros trabajos en el ferrocarril [...]. Otros regresaron con sus ahorros a sus familias en Cantón. Y otros más hicieron venir a sus esposas de China y se asentaron en varias comunidades del Oeste como lavanderos y dueños de restaurantes. Sin embargo, la mayoría que se quedó regresó a la costa del Pacífico. (1969, 57)

Ni las actitudes ni el discurso racista habían desaparecido en ningún momento, y se seguían pintando visiones apocalípticas del futuro de la "raza blanca" como fruto de la inmigración china e irlandesa. Ambos grupos habían sido denigrados sistemáticamente desde que pusieron el pie en los Estados Unidos y habían sido interpretados como amenaza a los euroamericanos protestantes. Los irlandeses frecuentemente fueron ilustrados con rasgos africanos para diferenciarlos de otros europeos supuestamente superiores.[72] Esto no debería de sorprender, ya que la construcción de "blanquitud" no solamente se basaba en factores derivados de la apariencia física de un individuo (la supuesta "raza"), sino que además se identificaba a través de su comportamiento, sus valores, su idioma, su religión, su posición social y en su poder, lo cual Barkan estima como factor fundamental para la construcción de una identidad "blanca" (2007, 9). Los irlandeses no solamente se distinguían de los estadounidenses "blancos" protestantes por su fe católica, también se les cuestionaba su "estatus 'racial' como blancos" (ibíd., 8) porque muchos eran pobres y analfabetos. Algo parecido iba a ocurrir con otros grupos inmigrantes en décadas posteriores a quienes los euroamericanos de origen anglosajón también les cuestionaban su estatus de "blancos".[73]

---

72 Véase por ejemplo la caricatura "Irish, Anglo-Teutonic, and Negro [sic] heads." En H. Strickland Constable. 1899. *Ireland from One or Two Neglected Points of View*. Citado y reproducido en Bornstein (2014, 146). Trataba de explicar sobre la base del racismo científico que el origen de un "irlandés ibérico" quedaba más cerca de los africanos que de la "raza anglo-teutónica."

73 Por ejemplo inmigrantes del Sur y del Este de Europa desde finales del siglo XIX hasta la década de 1920 (Barrett y Roediger 2002, 29).

Litografía. San Francisco, ca. 1869.
Cortesía de Library of Congress.[74]

En la presente caricatura se puede apreciar en sus primeras dos imágenes cómo los estadounidenses "blancos", aquí representados por el Tío Sam, están siendo devorados por los un hombre irlandés y un hombre chino, representando a estos dos grupos de inmigrantes. Se ven puestos en escena sobre el trasfondo de un mapa de los Estados Unidos que se estrecha del Atlántico hasta el Pacífico, visto desde la frontera norte y con el Golfo de México en el fondo. El orden

---

74 "The Great Fear of the Period: That Uncle Sam may be swallowed by foreigners. The problem solved." San Francisco: White & Bauer, [between 1860 and 1869]. Library of Congress Prints and Photographs Division.

geográfico acarrea detalles como líneas de ferrocarril con trenes de vapor que simbolizan el progreso de la construcción del ferrocarril transcontinental. Este proyecto que no solamente iba a unir la región del Atlántico con la del Pacífico sino toda la nación, se convierte aquí en símbolo para la destrucción de la nación por medio de la inmigración de grupos no deseados. La visión xenófoba pervierte el esfuerzo de los trabajadores del ferrocarril callando su explotación por la élite euroamericana, apelando así a las actitudes albergadas por el público lector californiano y reforzando las mismas. Como punto culminante se muestra en la tercera imagen cómo el inmigrante chino acaba devorando al inmigrante irlandés, reflejando así el clímax de la actitud racista que propaga la desaparición de todos los "blancos" en caso de que el estado siga abriéndole la puerta a la inmigración asiática. Esta metáfora antropófaga se puede ubicar en una larga tradición de descripciones de "lo otro" en las Américas como peligroso y salvaje, deshumanizando así a todos los que no eran de procedencia europea.

Aparte de la permanencia de actitudes racistas se puede constatar que la segunda mitad de la década de los 1860 era una fase rara de relajamiento temporal de las tensiones durante la cual la visión de un futuro en convivencia entre habitantes de origen asiático y europeo parecía posible. Este sentimiento fue apoyado por un acercamiento extraordinario entre el gobierno de los Estados Unidos y el del Imperio Chino. El llamado tratado de Burlingame de 1868 fue el resultado de la primera misión diplomática del gobierno Qing a los Estados Unidos. Modificando sustancialmente el Tratado de Tianjin de 1858, era el primer tratado que respetaba los derechos de ambas partes como iguales, después de los tratados humillantes entre China y las potencias europeas que resultaron de las Guerras del Opio (Schrecker 2010, 9). Fue un gran paso en dirección de un respeto mutuo entre ambos países, incluidos los inmigrantes y residentes de cada nación en la otra. Si bien el tratado explícitamente no regulaba el derecho a la naturalización en el país de destino, en su artículo V fijaba el derecho de la migración libre y voluntaria entre ambas naciones, y a la vez proscribía la migración forzosa – una alusión clara a la trata de "culíes" que todavía se practicaba para suplir las colonias inglesas y españolas y países como el Perú de mano de obra semi-esclavizada (Burlingame Treaty 1868, 4). Se les permitía a las personas moverse entre ambos países prácticamente con cualquier objetivo: "[...] por curiosidad, para el comercio, o como residentes permanentes" (ibíd.). Además, a viajeros de ambos países se les garantizaba la libertad de creencia religiosa en el artículo IV y el acceso a la educación pública en el artículo VII. Como cumbre del tratado, el artículo VI les otorgó tanto a viajeros como a residentes chinos en los Estados Unidos las mismas protecciones que los estadounidenses gozaban en China. En su totalidad, el artículo decía:

> Ciudadanos de los Estados Unidos que visiten o residan en China deben de gozar de los mismos privilegios, inmunidades o exenciones con respecto al viaje o a la residencia que puedan ser disfrutados por los ciudadanos o sujetos de la nación más favorecida, y, recíprocamente, los sujetos chinos que visiten o residan en los Estados Unidos deben de gozar de los mismos privilegios, inmunidades y exenciones en respeto a viajes o residencia que puedan ser disfrutados por los ciudadanos o sujetos de la nación más favorecida. Pero nada contenido en esto debe de usarse para conferir la naturalización a ciudadanos de los Estados Unidos en China, ni en los sujetos de China en los Estados Unidos. (Ibíd.)

Solamente días después de haberse dado a conocer el tratado al público estadounidense, el escritor Mark Twain analizó el mismo en su artículo "The Treaty With China" (Zehr 2010, 2). En su análisis de artículo V, vio claramente la condena de la trata de los "culíes", paralelamente a un aumento considerable de la inmigración de chinos libres a los Estados Unidos. A pesar de aclarar que personalmente no le gustaban los chinos en los Estados Unidos, los elogiaba:

> La inmigración china presente, sin embargo, es la mejor clase de personas – en algunos respectos, aunque no en todos – de lo que nos está llegando desde tierras extranjeras. Son los mejores braceros ferrocarrileros que tenemos, y con creces. Son los más confiables, los más mesurados, los más apacibles y los más trabajadores. (Twain 2010)

Con esto también los diferenciaba implícitamente de los inmigrantes irlandeses a quienes Twain despreciaba profundamente (Ou 2009, 2). Twain le prestó atención especial al artículo VI, al cual le confería un potencial extraordinario. Argumentó que con este artículo, el tratado anulaba de un plumazo todas las leyes "intolerantes e inconstitucionales" (Twain 2010) de California contra los inmigrantes chinos, y predijo que esto iba a causarles grandes dolores de cabeza a las élites de aquel estado, que iban a levantar quejas y llantos. Leyes discriminatorias que habían establecido hasta un tipo de apartheid en San Francisco, ahora iban a conferirles igualdad a la población china en California desde el nivel personal hasta el más alto. Iban a poder sentarse al lado de los demás pasajeros en los tranvías, servir como testigos en contra o en favor de euroamericanos en los tribunales, y en futuro no lejano acceder a la ciudadanía por los años de residencia, con lo cual iban a participar en elecciones y cualificarse hasta para puestos de jueces. Y predijo que los candidatos políticos euroamericanos iban a tener que cortejar a los inmigrantes chinos en las elecciones igual que a los inmigrantes alemanes e irlandeses con eslóganes más incluyentes como "¡LA ESPERANZA DEL PAÍS, LA VOLUNTAD DEL PUEBLO — DONNERWETTER, O'SHAUGHNESSY Y CHING-FOO!"[75]

A pesar de que Twain viera claramente que el artículo VI también mantenía que sus disposiciones no conferían el derecho a la naturalización, la fórmula "de la nación más favorecida" significaba para él que se confería un estado de igualdad a base de la nacionalidad, dejando atrás la desigualdad basada en parámetros étnicos. Con el artículo VI, el tratado negociado hábilmente por Anson Burlingame según la visión paternalista de Twain "[...] levanta a una raza humana degradada, bruscamente rechazada, difamada y odiada del fango y los viste con la púrpura de la soberanía americana. De bestias de carga hace hombres (ibíd.). Y continúa: "La primera desigualdad que deshace es la misma revolucionaria de impuestos sin representación" (ibíd.). Finalmente, un punto interesante en el artículo de

[75] Ibíd, mayúscula en el original.

Twain es su reflexión sobre el desarrollo de su propia xenofobia y su racismo hacia una posición más tolerante:

> La idea de hacer de negros ciudadanos de los Estados Unidos era irritante y desagradable para mí, pero me he ido reconciliando con esto; y estando reconciliado a esto, y roto el hielo y establecido el principio, ahora estoy listo para todos los que vienen. La idea de ver a un chino como ciudadano de los Estados Unidos hace unos años atrás me hubiera parecido casi aterradora, pero supongo que ahora puedo sobrellevarlo. (Ibíd.)

Posiblemente, este desarrollo mental refleje el de muchos euroamericanos que originalmente estaban opuestos a los chinos por razones racistas pero ahora aparentemente iban aceptando un cierto nivel de igualdad, siempre manteniendo una perspectiva paternalista. En los próximos años, Twain siguió defendiendo a los chinos como iguales ante la ley y acusando a la policía de permitir actos violentos contra los mismos, por ejemplo en las tres sátiras "Persecución desgraciada de un niño" (*Disgraceful Persecution of a Boy*), "El chino John en Nueva York" (*John Chinaman in New York*) y "El amigo de Orfebre, nuevamente en el extranjero" (*Goldsmith's Friend Abroad Again*), publicadas en la revista *The Galaxy* en 1870 y 1871 (Ou 2009, 1-8). Sin embargo, el espíritu del tratado de Burlingame no iba a durar mucho más allá del final de la era de la Reconstrucción.

4.4. La década de 1870: Tiempo de cambios

Como pudimos observar, para la construcción del ferrocarril transcontinental, miles de chinos habían sido empleados por Stanford y sus socios de la Central Pacific Railroad, y como no había suficiente mano de obra disponible en California, miles de ellos habían sido reclutados directamente en China. Cuando se terminaron las obras en 1869, algunos pudieron trabajar en nuevas obras del ferrocarril y otros oficios para lo cual se trasladaron hasta los estados al este del Mississippi y al sur del país donde la fuerza laboral comenzó a escasear en muchas plantaciones a causa de la emancipación de los esclavos de origen africano (Lau-Fong y Lai 1992, 46).

Pero la gran mayoría de ellos se quedó en el paro. Paralelamente a la recesión en aquellos años que dejaba a muchos trabajadores euroamericanos sin trabajo iban creciendo nuevamente los resentimientos racistas y xenófobos contra asiáticos, particularmente en California. Para finales de la década de los 1860s, los chinos se habían ido concentrando en San Francisco, y los 12000 que vivían allí en 1870 representaban aproximadamente un cuarto de toda la población china de California. Esto fue debido tanto al declive de oportunidades laborales en el sector del ferrocarril y en la minería como al auge de la ciudad como centro comercial y de manufacturas (McClain 1994, 43). Según McClain, la población euroamericana (o “caucásica”), y especialmente los trabajadores,

> […] veían a los chinos no solamente como una raza ajena y repugnante, sino como competidores económicos. La hostilidad se manifestaba de muchas formas. Una de ellas era pura violencia física. […] Otra era forma de hostilidad era el desarrollo de una oposición masiva organizada en contra de los chinos y la agitación por legislación antichina a nivel local. (Ibíd., 44)

A pesar de la resistencia que ofrecieron varios empleadores y terratenientes (Chang 2012, 163), el movimiento antichino contribuyó de forma significante a obstruir el acceso al mercado laboral para los chinos: “Puestos de trabajo y el dinero fueron limitados […] por las restricciones aplicadas sobre los chinos por el movimiento antichino que trataba con éxito limitar severamente las oportunidades económicas que estaban al alcance de los chinos” (Armentrout Ma 1991, 155). Esto por su parte generó tensiones crecientes en la comunidad china que estallaban en conflictos internos que por el papel protagónico de sociedades secretas chinas fueron denominados las “guerras de las tong” (ibíd.).

Por otra parte, el auge de la presencia de trabajadores chinos jóvenes sin empleo contribuía a que aumentara la escasez de vivienda y que empeoraran las condiciones sanitarias, a la vez de crecer el juego ilícito, el consumo de opio y la prostitución. Las autoridades, lejos de brindarle acceso a la salud pública, la educación o al mercado laboral a la población china, observaban cómo iba deteriorando la situación en el barrio chino. Como resultado de una inspección del barrio chino ordenado por el Consejo de Representantes de la Ciudad y Condado de San Francisco de 1885, el informe de la misma describió el estado del barrio de la manera siguiente:

> [...] el aspecto general de las calles y moradas era sucio en extremo, y mientras permanecían en esta condición iban a seguir siendo una amenaza constante al bienestar de la sociedad como una plaga dormida [...]. [...] constituye una fuente de peligro continua de este carácter y probablemente siempre lo hará mientras esté habitado por gentes de la raza mongol. (*Report of Special Committee on the Condition of the Chinese Quarter*, 165)

Además de aducir las causas para esta situación deplorable al carácter de los chinos, los imputaba de, aparentemente, encontrar placer en esta forma de vida, permaneciendo en "[...] su más densa condición de inmundicia, en la que por lo visto se deleitan vivir" (ibíd.).

Ya en junio de 1870, el movimiento antichino se había valido de los mismos argumentos para demandar del Consejo de Representantes este tipo de inspección y además de ver cómo se podían expulsar a los chinos de los límites de la ciudad. En este caso, a través de una petición de Thomas Mooney y Hugh Murray, el presidente y el vicepresidente de la Anti-Coolie Association, respectivamente (McClain 1994, 44). Un mes más tarde, en un evento de masas organizado por una asociación de zapateros, Mooney lanzó un discurso de odio abierto al proclamar que cada uno debía de "utilizar estos poderes conferídos en ti por el Dios del universo para arrojar de tu seno esta raza abominable de color de barro manchada de cualquier crimen y abominación conocido de la barbarie antigua o moderna" (ibíd.).[76] Como muchos otros miembros de clubes "anti-culí", primero argumentó que se trataba de elegir entre el trabajo libre y la esclavitud, a la que

---

[76] Citado en: *Chronicle*, 8 de julio de 1870, p. 2, col. 3.

supuestamente estaban sujetos los chinos en California. Esto fue sucedido por llamados a implementar legislación para detener la inmigración de chinos tanto a nivel local como a nivel federal (ibíd.). En los años que siguieron se fue aprobando legislación discriminatoria contra habitantes e inmigrantes chinos a nivel de estado (como la ley de 1873 que afectaba seriamente al sector importante de los lavanderos en California) y a nivel nacional (como la ley contra la inmigración de prostitutas chinas en 1875, *Page Law*, véase más abajo).

Si el sector obrero fue uno de los más activos en la promoción de la exclusión de chinos del país, su acoso y persecución permanentes eran propagados especialmente por el partido californiano *Workingmen's Party* fundado por el inmigrante irlandés Dennis Kearney en 1877. Bajo el lema "¡Que se vayan los chinos!" (Lee 2003, 26) abogaban a gritos por la exclusión de los chinos de California, particularmente de los trabajadores chinos. Además de llamar a saquear y expulsar a los chinos, su programa también propagaba la expropiación de latifundios, creando así una oposición entre parte de la élite euroamericana. En noviembre de 1878, un tercio de los asambleístas que participaban en la asamblea constitucional en la capital, Sacramento, eran delegados de este partido radical. Por lo tanto, jugaron un papel importante en el diseño y la adopción subsiguiente de artículos en la nueva constitución del estado que sustituía a la primera de 1849. Aprobada en 1879 y entrando en vigor en 1880, era la constitución más discriminatoria contra chinos de todo el país (McClain 1994, 80-83). En su artículo XIX, titulado "CHINESE", prohibía que chinos trabajaran en corporaciones y en obras públicas, a no ser en calidad de presos. Además declaraba:

> La presencia de extranjeros no aptos para hacerse ciudadanos de los Estados Unidos se declara como peligrosa para el bienestar del Estado, y la Legislatura debe desalentar su inmigración por todos los medios que se encuentran en su poder. (*Constitution of the State of California* 1879 Art. XIX, §4)

Como los chinos, a diferencia de euroamericanos y afroamericanos, no podían obtener la ciudadanía, este párrafo iba a servir como base para parar la inmigración china al estado a partir de 1880. En aquel año además se produjo la anulación del Tratado de Burlingame, lo cual en conjunto se puede interpretar como el preludio para la era de la exclusión.

Si ponemos la vista en otras regiones de la California, vemos que el declive económico y el auge del movimiento obrero nacionalista y racista no explica de manera satisfactoria la violencia que se iba desencadenando en contra de chinos, como sugiere Zesch (2008) en su análisis del linchamiento de 18 habitantes chinos en Los Ángeles en 1871. Según este estudio, los 178 chinos que en aquel momento vivían en aquella ciudad comprendían solamente alrededor del 3 por ciento de un total de 5728 habitantes, y no competían por los mismos trabajos como sus homólogos de origen europeo y latinoamericano (ibíd., 109, 112). Concluye que aparte del catalizador inmediato que fue un conflicto entre miembros de la comunidad china, la causa más profunda de la masacre parece haber sido una mezcla entre animosidades racistas preexistentes, el sentimiento de actuar con impunidad (por parte de los victimarios) y la connivencia de buena parte de las élites locales. Tanto habitantes de origen europeo como de origen latinoamericano habían participado en los disturbios, pero cuando finalmente se hicieron las acusaciones, solamente se dirigían "contra Mexicanos pobres sin influencia y contra un solo irlandés, un zapatero" (ibíd., 144). De unas 500 personas que habían perseguido y linchado a los chinos solo se condenaron a ocho, de dos a seis años de prisión. Y finalmente, un año más tarde todas las sentencias fueron anuladas porque las acusaciones originales no contenían el detalle de que "alguien realmente había sido asesinado" (ibíd., 145). Según Elliott Barkan, en estas comunidades donde vivían pocos chinos, este tipo de violencia antichina no era común: "[...] con frecuencia se salvaban de los peores conflictos, especialmente si manejaban negocios o hacían algunos esfuerzos para interactuar con personas no chinas" (Barkan 2007, 60). Esta perspectiva implica el riesgo de volver a poner en los inmigrantes chinos el grueso de la responsabilidad por su propia exclusión y discriminación. Hay que enfatizar que las múltiples medidas tomadas por buena parte de la población de origen europea contra chinos desde los inicios de su inmigración en torno a la fiebre del oro apuntaban a impedir que los chinos se integraran, asentaran, casaran o hicieran ciudadanos, creando así un trato desigual sobre premisas racializadas.

Esto contribuyó a la formación de barrios chinos mediante reglamentos que limitaban las zonas en que podían vivir los inmigrantes chinos en las ciudades, creándose así efectivamente guetos y sociedades "paralelas" a lo largo de Norteamérica. Según Nayan Shah, la cartografía racializada de estos guetos fue creada por las élites euroamericanas con la ayuda de conocimiento sobre la "raza china" (2001, 18) que se adquiría mediante "investigaciones gubernamentales, informes en periódicos y diarios de viaje" (ibíd.). Y Shah concluye que la lógica de las autoridades euroamericanas estaba marcada por un proceso autorreferencial: "La idea del barrio chino como una sociedad autónoma y ajena a la vez justifica 'redadas recurrentes' de la policía, investigación y encuestas estadísticas que corroboran 'científicamente' la clasificación racial" (ibíd.). Huping Ling opina que "la mayoría de los americanos blancos eran ignorantes de la cultura china y su ignorancia producía prejuicios" (1998, 27). Una vez definida esta parte de la sociedad como desigual y diferente a la euroamericana por parte de representantes de la misma, se habían creado las condiciones para que se ejercieran prácticas de discriminación y violencia contra los chinos con un margen de impunidad considerable, y no solo en estos espacios, sino en toda la sociedad estadounidense.

Por otro lado, el establecimiento de estos guetos contribuyó a que se regularan las cuestiones sociales y jurídicas dentro de la sociedad. La falta de acceso a la protección legal y otros servicios de la sociedad estadounidense por buena parte de la población china favoreció el fortalecimiento de sociedades chinas. Estas servían como primeros puntos de acceso en caso de problemas y litigios, a la vez de proporcionar cierto tipo de protección y atención a los habitantes chinos. Este hecho se evidenció particularmente en la ciudad de San Francisco, donde vivía la comunidad más numerosa de inmigrantes chinos en el siglo XIX. En este sentido, Thomas Chinn recapitula con referencia a la presencia china en esta ciudad:

> En sus primeros tiempos la comunidad china de San Francisco tendía a ser muy autónoma. La discriminación generalizada, las diferencias en idioma y cultura y las amenazas de violencia física confinaron a la mayoría de los chinos al barrio chino, para prácticamente todas sus actividades. Como resultado los chinos solían cuidarse a sí mismos. En vez de buscar ayuda de servicios sociales y organizaciones benéficas, una persona china que necesitaba asistencia normalmente se dirigía a su asociación de familia o distrito. De manera similar, las disputas se solían manejar por una asociación de distrito o por las Seis Compañías Chinas [*Chinese Six Companies*] y no por el sistema de las cortes americanas; y en vez del departamento de policía las tongs eran los que proporcionaban protección. (1989, 2)

Aquí vemos tres elementos básicos del sistema de auto-organización de la comunidad china: la ayuda mutua a nivel de familia, a nivel de distrito y a nivel de la confederación de asociaciones de los comerciantes más poderosos del barrio chino. Según la gravedad del caso de necesidad social o del problema legal se iba ascendiendo desde las cabezas de familia (o en caso de no existir la misma, como fue el caso para miles de hombres jóvenes que habían venido en calidad de solteros, las organizaciones de origen) hasta el nivel superior de las Seis Compañías. Con la ayuda también venían obligaciones, y en caso de no cumplir con las mismas, el mismo proceso gradual se aplicaba para la resolución de conflictos. Con *tongs*, Chinn se refiere a sociedades secretas de las cuales algunas habían formado grupos de choque que servían tanto sus propios intereses como los intereses de seguridad de la clase mercante (Lyman 1964).

En las primeras décadas de la segunda mitad del siglo XIX, los chinos vivían bajo amenazas constantes, pero no podían dar testimonio contra euroamericanos en las cortes, ni participar como ciudadanos. Si a todo esto le añadimos que tampoco se les permitía ser una carga para el Estado, se puede entender que – para bien o para mal – no había otra opción que acudir a las instituciones establecidas en el barrio chino. Una excepción de estas dinámicas perniciosas era el estado de Idaho. En 1870, más de un tercio de la población eran chinos, y comprendían más del 60 por ciento de los mineros. Sin embargo, mientras en California el sentimiento antichino proliferaba, Idaho constituía uno de los "pocos puertos" (Barkan 2007, 60) seguros para los habitantes chinos en los Estados Unidos.

En el caso de las mujeres chinas, la discriminación provenía de tres vertientes: ante todo, se veían limitadas en su deseo de emigrar hacia los Estados Unidos tanto por sus familias (políticas) en china y el sistema patriarcal-feudal, como por la falta de solvencia económica de sus esposos ya emigrados. Una vez llegadas, nuevamente se tuvieron que ajustar a las reglas reinantes en los barrios chinos, igualmente dominadas por las élites locales patriarcales. Además, tanto su inmigración como su presencia en los Estados Unidos eran dificultadas sumamente por el sentimiento antichino que a partir de la década de los años 1870 iba a culminar en las leyes contra la inmigración china (Ling 1998, 26-27). De hecho, como argumenta Sucheng Chan, la primera ley de exclusión de chinos no se dirigía contra trabajadores, sino contra mujeres de quienes se sospechaba inmigrar para prostituirse (1991a, 95). A pesar de algunas decisiones en favor de la inmigración de mujeres en calidad de iguales a los hombres, en 1875 finalmente se aprobó la ley federal "*An Act Supplementary to the Acts in Relation to Immigration*" que se iba a conocer como *Page Law*. Chan indica que esta ley sirvió indiscriminadamente para excluir la inmigración de mujeres chinas, y que su mayor impacto no cayó en las que se dedicaban a la prostitución, sino en todas ellas (1991a, 109).

George Peffer añade que la actuación de los cónsules estadounidenses en Hong Kong muestra que "prejuicios americanos contra los chinos transformaron la Ley Page en una restricción más general para la inmigración femenina china" (1986, 42). De hecho, esta ley cimentó que el desequilibrio en la proporción de género entre los inmigrantes chinos fuera la más extrema de todos los habitantes en los Estados Unidos hasta mediados del siglo XX. Además, los mecanismos de exclusión establecidos por la misma pronto se iban a extender a todos los inmigrantes y habitantes chinos con la ley de exclusión de 1882.

5. Entrelazamientos interamericanos: ¿Diseminando xenofobia?

En este capítulo nos centraremos en la dimensión interamericana desde finales del siglo XIX hasta las primeras décadas del siglo XX, época que en los Estados Unidos se identifica como la "era de la exclusión".[77] Mediante una comparación de las regulaciones que afectaban comunidades chinas principalmente en los Estados Unidos, México y Cuba se identificarán dinámicas y grados de exclusión e inclusión, pretendiendo llegar de esta manera a una mirada hacia los lazos transnacionales que marcaban estas dinámicas y los actores involucrados. Una pregunta clave será en qué grado se podrá interpretar estos procesos como una diseminación de xenofobia, o si no sería más acertado verlos como procesos locales independientes.

5.1. Exclusión transregional: Estados Unidos y América Latina

En su obra sobre la era de la exclusión de los inmigrantes chinos en los Estados Unidos, la historiadora Erika Lee identifica las leyes de inmigración como "un lugar dinámico donde se vuelven a moldear ideas sobre raza, inmigración, ciudadanía y nación. La exclusión china en particular reflejaba, producía y reproducía las luchas sobre la composición y el carácter de la nación misma" (2003, 7). Concordamos con su argumento y lo entendemos en el sentido que las dinámicas de inmigración, vistas a través de ambos océanos que circundan las Américas, crearon un espacio de entrelazamientos transculturales euro-afro-asiático-indígenas, en el cual el grupo dominante – los inmigrante del norte y centro de Europa – se impuso mediante la fuerza tanto a los habitantes indígenas como a los demás grupos inmigrantes a base de su supuesta supremacía "blanca". Por lo tanto, este espacio incluía choques y rupturas y fue definido no

77 Para un resumen reciente y excelente de la literatura sobre la exclusión de asiáticos en los Estados Unidos, véase Chang K. (2016).

solamente por ideas, sino por las acciones de los inmigrantes que se dejaban guiar por sus ideas, creando así (o moldeando, como lo formula Lee) nuevos imaginarios de convivencia y otredad, y sentando las bases para parámetros de distinción y preferencia que dominan la idiosincrasia estadounidense hasta hoy en día.[78]

Lee conceptualiza la exclusión de los chinos como "una institución que producía y reproducía un sistema de jerarquía racial en la ley de inmigración, un proceso moldeado tanto por inmigrantes como por oficiales de inmigración, y un sitio de relaciones de poder desiguales y de resistencia" (Lee 2003, 7). Con esto se refiere principalmente a la así llamada "era de exclusión" que en los Estados Unidos se extendió entre la aprobación de la primera ley federal de exclusión de chinos en 1882 (que fue prorrogada y adaptada sucesivamente) hasta su abrogación en 1943. Nosotros pensamos (y la lectura del libro de Lee también lo sugiere) que el fenómeno de la exclusión iba mucho más allá de ser una institución que meramente regulaba las relaciones desiguales y racializadas entre los inmigrantes y las autoridades: la inmigración china libre abrió un nuevo espacio de reformulación de conceptos de ciudadanía, nación, pertenencia y exclusión que hasta mediados del siglo XIX solamente se habían definido partiendo de la movilidad de europeos hacia las Américas y de la movilidad forzada (sobre todo de africanos) que ellos controlaban. Así, la inmigración china – tanto la libre como la forzosa (la trata de "culíes") – se inscribe en una conversación más amplia que definió el desarrollo de los estados-nación en las Américas desde la segunda mitad del siglo XIX hasta mediados del siglo XX. Por estas razones, pensamos que la problemática que se reflejaba en las negociaciones desiguales de pertenencia representada en los entrelazamientos de chinos y otros habitantes americanos no solamente abarcaba y atañía a toda la nación estadounidense en la época mencionada, sino a todas las naciones y sociedades de las Américas y más allá.

---

78 Para las conexiones con el panorama de la política migratoria y la permanencia de los prejuicios actuales escúchese "American immigration and xenophobia." Entrevista con Erika Lee. ABC Australia, 2018.

Para hacer válido este punto, es útil referirnos a dos observaciones sobre la inmigración china al hemisferio de las Américas. Una ya la mencionamos en la introducción, y fue el argumento hecho por Adam McKeown: que el desarrollo de la política de inmigración en las Américas fue influido por las prácticas e ideas desarrolladas en los Estados Unidos y en Canadá con vistas a regular la inmigración china a finales del siglo XIX y principios del siglo XX, y que marcó el principio del desarrollo de un sistema para regular fronteras con respecto a la migración a nivel mundial. A pesar de los enormes problemas que significaba la institucionalización de un sistema de control fronterizo entre las naciones, a finales del siglo XIX

> [...] el enorme esfuerzo legal, político y administrativo que se estaba poniendo en hacer cumplir estas leyes iba favoreciendo gradualmente las fronteras, con lo cual se fueron estableciendo los principios básicos y las prácticas del control de fronteras como parte íntegra de políticas modernas y liberales. (Ibíd., 122-123)

Con esto, el liberalismo encontró sus límites[79] en el derecho del individuo al movimiento libre que fue negado a ciertos grupos principalmente por razones racistas y xenófobas, aunque estuvieran enmascaradas por la preocupación de mantener "la harmonía social necesaria para una sociedad auto-gobernante" (ibíd., 124), miedo que ya en 1782 lo albergaba Thomas Jefferson ante la posibilidad de fomentar la inmigración de trabajadores extranjeros.

El otro argumento, conectado al primero, proviene del estudio minucioso de Fitzgerald y Cook-Martín sobre políticas migratorias en las Américas desde finales del siglo XIX hasta mediados del XX. Desde una perspectiva interamericana, argumentan que los procesos de creación de estados-nación y de democracias representativas conllevaban la aplicación de principios racistas que moldeaban las leyes migratorias, privilegiando la inmigración de "blancos" (e idealmente

[79] Esta lógica también regía las dinámicas de la producción extractivista y del comercio cuya liberación solamente tenía sentido para las élites mientras ellas mantenían el control sobre la producción, la circulación de la mercancía y sobre los precios.

de creencia protestante) y discriminando a los demás. Esto chocaba diametralmente con las ideas centrales del liberalismo occidental:

> El liberalismo clásico de mediados del siglo diecinueve exaltaba las libertades del ciudadano y la actividad económica no limitada por el estado. En su forma ideal, el liberalismo significa la libertad de movimiento, intercambio y participación política. Un sistema de gobierno representativo era el medio con el cual se fomentaba estos principios. Los derechos eran inherentes e igualmente aplicables a individuos morales autónomos dentro de estados-nación. (Fitzgerald y Cook-Martín 2014, 2)

En su estudio, Fitzgerald y Cook-Martín no se limitaron a Norteamérica, sino que produjeron un trabajo que compara políticas migratorias en y entre los Estados Unidos, Canadá, Cuba, México, Brasil y Argentina, además de incluir referencias a otros países latinoamericanos. A través del método comparativo muestran que existe un nexo entre migración, liberalismo y etnicidad que nos permite identificar políticas discriminatorias de regulación migratoria y de ciudadanía en el sentido anteriormente expuesto. En este marco nos parece de particular interés que resalten la "ideología racista" como medio que "legitima la distribución de recursos y el tratamiento diferenciados por grupo racial" (ibíd., 15). Como asumen acertadamente, según la Teoría Crítica de la Raza (*Critical Race Theory*), "aunque raza sea un constructo histórico y no un hecho biológico, penetra la vida social" (ibíd.) de las personas. En nuestro caso podemos observar que aunque las regulaciones migratorias y no hayan sido las mismas en todos los países de las Américas, adscripciones étnicas han marcado y siguen marcando las sociedades y sus políticas migratorias, frecuentemente diseñadas a base de prejuicios racistas.

Seguiremos con una comparación de las políticas y prácticas en cuestión en los Estados Unidos, Cuba y México durante el último tercio del siglo XIX. Como hemos visto, los Estados Unidos fueron incrementando su presión contra los inmigrantes chinos, y las regulaciones restrictivas se fueron implementando gradualmente (aunque no de forma lineal y continua) desde el nivel local al nivel de estado hasta el nivel federal, y comenzando geográficamente en el estado de California y las zonas mineras del medio oeste. Según McKeown, esta dinámica se iba practicando en toda la Cuenca del Pacífico: "Comenzando en los años 1850, colonos blancos alrededor del Pacífico trataban de mantener a los chinos al margen de sus comunidades, o los excluían totalmente" (McKeown 2008, 121).

En los Estados Unidos, La Ley de Exclusión de Chinos de 1882 en cierto sentido formalizó a nivel nacional un marco legal discriminatorio que en la práctica ya se había estado aplicando a nivel local y en varios estados desde hacía más de treinta años. Sin embargo, tenía otra calidad: era la primera ley migratoria de las Américas en la Era Contemporánea que se dirigía contra un grupo étnico. Mientras a los chinos ya inmigrados antes se les había tratado de hacerles la vida imposible por múltiples vías, ahora además se trataba de impedir el acceso de nuevos inmigrantes chinos. Esta ley marcó el punto de inflexión en el cual los Estados Unidos comenzaron a convertirse de un país para inmigrantes (libres) a un país que iba seleccionando nuevos inmigrantes a base de prejuicios racistas. Según Lee, ésto iba a marcar las pautas para todo el desarrollo de la reglamentación de la inmigración en este país:

> Comenzando en 1882, los Estados Unidos dejaron de ser una nación de inmigrantes que daba la bienvenida a extranjeros sin restricciones, fronteras o puertas. Se convirtió en un nuevo tipo de nación, una nación portera. Por primera vez en su historia, los Estados Unidos comenzaron a ejercer un control federal sobre inmigrantes en sus puertas de entrada y dentro de sus fronteras con lo cual establecieron estándares por raza, clase y género para los que iban a ser bienvenidos en el país. (Lee 2003, 6)

Las dinámicas de exclusión no eran exclusivas de los Estados Unidos, sino que se reprodujeron en otras comunidades anglosajonas "alrededor del Pacífico [que] se habían encerrado detrás de una barrera antichina" (ibíd.) hacia mediados de la década de los años 1880. Parecido a lo que había ocurrido en California, en Canadá este ímpetu también se hizo fuerte en el movimiento obrero organizado que finalmente logró trasmitir esta presión al nivel federal:

> A finales del siglo diecinueve, los sindicatos e intereses racistas de personas elegidas en la Columbia Británica (BC) instigaron lo que iba a convertirse en un consenso a través de las clases en lo que se refiere a la restricción de asiáticos, el cual luego lograron de forma eficaz que se estableciera a nivel federal. (Fitzgerald y Cook-Martín 2014, 144).

Como ha sido mostrado en numerosos estudios,[80] en los Estados Unidos la ley de 1882 y sus prórrogas y modificaciones posteriores dieron comienzo a una verdadera era de la exclusión que iba a durar formalmente hasta la abrogación de esta ley en 1943, pero de hecho duró hasta la adopción de las Enmiendas de la Ley de Inmigración y Nacionalidad (*Immigration and Nationality Act Amendments*) en 1965 (Chin 1996, 276), y desde la década de los 1990 se han vuelto a instituir políticas migratorias racistas. Durante la época de la exclusión formal, las leyes de Estados Unidos no excluían formalmente a inmigrantes chinos educados y adinerados, entre ellos sobre todo estudiantes y comerciantes, pero de hecho dificultaron sumamente el movimiento legal entre China y los Estados Unidos, incluso para chinos residentes que querían visitar China y a quienes se les negó la entrada al regresar. Las leyes con frecuencia fueron interpretadas como carta blanca para ejercer una violencia desenfrenada. Solamente para la década de los 1880 se han reportado 91 incidencias de violencia antichina, desde California hasta Milwaukee en el Medio Oeste (Jew 2002, 79). Uno de los casos más conocidos fue la masacre bestial de mineros chinos por mineros euroamericanos en Rock Springs (estado de Wyoming) en 1885 porque no se aliaron a sus protestas laborales.[81] Como anotó Bromley, parece que la muchedumbre que se lanzó a matar a más de treinta mineros chinos y expulsar a más

80 Véase entre otros Ngai 2005, Lee 2003 y Chan 1991.

81 Para un recuento contemporáneo y detallado de la masacre véase Bromley 1886.

de 500 además de saquear y quemar sus viviendas a cenizas cometió este crimen con plena conciencia: "Nadie estaba borracho. ¡Era una muchedumbre sobria!" (Bromley 1886, 5).

5.2. Cooperación transpacífica entre Asia y América Latina y resistencia a finales del siglo XIX

En aquella época, los emigrantes chinos a ultramar gozaban de un nivel de protección relativamente bajo por parte del gobierno imperial Qing, ya que el mismo "no reconocía el derecho a emigrar y se encontraba sitiado por enemigos internos y externos" (Young 2014, 98). De hecho, no fue hasta 1893 que la prohibición de emigrar fue revocada, lo cual sin embargo no cambiaba su estatus de apátridas sin derechos garantizados (ibíd.). Sin embargo, sí hubo una iniciativa desde China para proteger a los trabajadores que se habían ido a Latinoamérica y el Caribe en calidad de "culíes" donde, como ya hemos anotado, trabajaban en condiciones similares a las de los esclavos africanos. En 1874, se logró suprimir la trata de "culíes" en Cuba después de la visita e investigación exhausta de una Comisión China (*Chinese Commission to Cuba*), compuesta por chinos y expertos extranjeros que puso de relieve la explotación y el maltrato de chinos "culíes" en esta colonia española (Ng 2014, 60 y passím). En ese mismo año también se suprimió esta trata inhumana en el Perú cuando representantes de aquel país firmaron en Tianjin (China) el Tratado de Amistad, Comercio y Navegación. Este estableció relaciones comerciales y diplomáticas entre ambos países y además abrió el Perú a la inmigración libre de chinos, la cual fue limitada estrictamente en 1909 (Lausent Herrera 2011, 70). En Cuba, muchos chinos participaron en las Guerras de Independencia contra España (Pérez de la Riva 2000, 265-274). Con esto se iban a inscribir en el mito fundador de la nación cubana que se fue cimentando en los 1920s y 1930s: "En Cuba, los chinos se convirtieron en 'minorías modelo' *avant la lettre* por su participación en las guerras de independencia a finales del siglo diecinueve" (Young 2014, 281).

Podemos constatar que el último cuarto del siglo XIX estaba marcado por un proceso que se diferenciaba entre la parte anglo-parlante de Norteamérica y partes de América Latina: mientras los Estados Unidos y Canadá fueron adoptando leyes cada vez más estrictas contra la inmigración china – cuya lógica pronto se iba a aplicar a otros grupos de inmigrantes –, en la Cuba colonial y otros países este proceso todavía se hacía esperar hasta ya entrado el siglo XX, a pesar de la persistencia de ideas y prácticas de "blanqueamiento" profundamente establecidas entre los miembros las élites "blancas" de Cuba, Argentina y otros países. En México sin embargo se produjo durante un tiempo una política abiertamente favorable a la inmigración china, antes de convertirse en una dinámica diametralmente opuesta.

En Cuba y el Perú se había abolido la trata de los "culíes", pero con esto no se terminaba el maltrato de los que seguían trabajando en las plantaciones. Esto se evidencia en las acciones combativas de los mambises (luchadores por la independencia) chinos en Cuba que lucharon contra el yugo español desde la Guerra de los Diez Años que estalló en 1868. En el Perú, Diego Chou relata las razones por las cuales casi 2000 chinos "culíes" se pasaron al bando del enemigo chileno en la Guerra del Pacífico en 1879: "Los tratos de los patrones peruanos dados a los culíes fueron tan malos y prolongados, que era natural que estos infelices reaccionaran en su contra en circunstancias propicias" (Chou 2001, 211).[82] Sin embargo, tanto en Cuba como en el Perú, Panamá, Jamaica y otros territorios donde había existido el trabajo "culí" se iban formando comunidades de chinos libres parecidas a las que existían en California y en la Columbia Británica. Conformadas sobre todo en las ciudades (pero en este caso tanto por antiguos "culíes" como por inmigrantes nuevos), iban desarrollando

---

82 Estas formas de resistencia pueden haber tenido sus orígenes en la tradición de rebeliones rurales que practicaban las sociedades secretas en el sur de China, como se evidenció en la rebelión de Pativilca de 1870, en la que participaron unos 1500 chinos, de los cuales fueron matados unos 300 por el ejército peruano que venía en auxilio de los hacendados (Lausent Herrera 1994, 174-175).

formas de convivencia basadas en buena parte en asociaciones ayuda mutua, si bien estratificadas bajo el control de cámaras de comercio chinas y sus líderes (Wilson 2004, xi).

En México, que no había participado en la trata de "culíes", la inmigración china fue impulsada en el marco del programa de modernización económica del país bajo la dictadura militar de Porfirio Díaz que comenzó en 1877 y se terminó con el comienzo de la Revolución Mexicana en 1911 (Chao Romero 2010, 25). Esta modernización ya había comenzado bajo los gobiernos de Sebastián Lerdo de Tejada y Manuel González, y después de haber fallado el plan de atraer a trabajadores europeos, se dirigió a China y Japón (Kunimoto 2009, 94-95). Ya en 1875, el entonces ministro de finanzas, Matías Romero, exaltó el beneficio de la inmigración de chinos y otros asiáticos a México, haciendo hincapié en las relaciones transpacíficas:

> Me parece que los únicos colonos que pudieran establecerse o trabajar en nuestras costas son asiáticos que vienen de climas similares al nuestro, principalmente de China. La gran población de este imperio vasto, el hecho de que muchos de ellos sean agricultores, los salarios relativamente bajos que ganan y la proximidad de nuestra costa a Asia significan que la inmigración china sería la más fácil y conveniente para ambas costas." (Citado de *Revista Universal*, 1875, en Chao Romero 2010, 26; allí en inglés)

Sin embargo, a pesar de múltiples intentos no se logró un acuerdo con el gobierno imperial Qing hasta la firma del Tratado de Amistad, Comercio y Navegación entre China y México en 1899 (ibíd., 27), el cual "también sirvió para atraer capitales chinos que se posicionaron en las minas, ferrocarriles y comercio mexicanos" (León-Manríquez y Tzili Apango 2015, 117). Un año antes se había firmado un tratado del mismo tipo con Japón (Kunimoto 2009, 92), que a diferencia de China sí estipulaba una relación bilateral con los mismos derechos entre ambos países:

> En contraste con China, Japón apareció como un aliado más deseable en razón de las intenciones del Gobierno mexicano de diversificar sus relaciones internacionales, reabrir el contacto con Asia Pacífico y

promover la migración controlada. Hay que recordar que, en el contexto de la época, México compartía con Alemania y el propio Japón la calidad de 'potencia emergente.' (León-Manríquez y Tzili Apango 2015, 117)

5.3. Migración circular y redes transnacionales

Con el tratado de 1899, se estableció la migración "libre y voluntaria" (Chao Romero 2010, 27) entre China y México, en ambas direcciones. Pero ya antes de 1899, el desarrollo de la inmigración china en México estaba íntimamente entrelazado con su vecino del Norte. Como anota Velázquez Morales, fue sobre todo a partir de que los Estados Unidos cerraran sus fronteras a nuevos trabajadores chinos en 1882, expulsaran a muchos residentes chinos o les negaran la entrada cuando volvían de viajes, la frontera región fronteriza con México, particularmente en la parte de Baja California, "se iba convirtiendo en un polo de atracción para los chinos que trataban de escaparse de la deportación [a China]" (Velázquez Morales 2002, 400).

Muchos de ellos deseaban regresar a los Estados Unidos, lo cual produjo grandes movimientos de remigración, también entre el Norte de los Estados Unidos y Canadá y el Sur y Este estadounidense y Cuba, que también formaba parte de este esquema de remigración irregular (Young 2014, 3, 99). El mapa de Elliott Young muestra que los centros principales para la remigración irregular de chinos a los Estados Unidos durante la era de la exclusión eran los puertos mexicanos de Ensenada, Guaymas, Mazatlán, Manzanillo, Salina Cruz y Veracruz, La Habana en Cuba y las ciudades canadienses Vancouver, Toronto y Montreal; y en el Caribe británico pueden apreciarse Jamaica y Trinidad y Tobago (ibíd., 3).

Los intermediarios más establecidos para este negocio eran los comerciantes chinos que residían en San Francisco, California. Ya habían proveído los trabajadores para la construcción del ferrocarril transcontinental en los Estados Unidos y habían enviado a braceros chinos a Luisiana, Texas y Alabama. Ahora, el gobierno mexicano se dirigió a ellos para organizar el reclutamiento de trabajadores chinos en Hong Kong y Shanghái, y su transporte a puertos mexicanos (Chao Romero 2010, 27-28). Otros fueron traídos por contrabando desde San Francisco y San Diego (Velázquez Morales 2002, 400). Según Chao Romero, esta cooperación entre los intereses económicos de hombres de negocio mexicanos y chinos californianos se organizó de forma parecida a la inmigración china a California pocas décadas antes y jugó un papel de importancia transcendental para la historia entrelazada de las Américas:

> [...] ayudó a poner las bases para un "ámbito comercial transnacional" chino más amplio [...]. [...] facilitó el movimiento tanto lícito como ilícito de personas y mercancías entre China, México, Cuba y los Estados Unidos y es lo que hace que el estudio de caso de los chinos en México sea un ejemplo único de transnacionalismo chino en la diáspora china global durante finales del siglo diecinueve y principios del siglo veinte. (Chao Romero 2010, 28)

El desarrollo de estas estructuras también facilitó patrones de migración circular, seguida de asentamientos que formaban comunidades transnacionales que se mantenían en contacto mediante las redes de asociaciones transregionales. Una de ellas fue la asociación de lavanderos que según Kathy López llegó a ser "una de las organizaciones de comercio chinas más extensas. [...] Chinos de California montaron lavanderías en el norte de México, Perú, Panamá y Cuba, formando una red transnacional cementada por la asociación de lavanderías" (2013, 179). Solamente en La Habana había 293 lavanderías chinas en el año 1927.

Estas redes transnacionales, que incluían la trata de seres humanos ilegalizada, se desarrollaron a pesar del (o gracias al) establecimiento de un régimen de control migratorio cada vez más estricto por parte del gobierno estadounidense. Además de ejercer presión sobre sus países vecinos (México y Canadá) para que apoyaran su sistema de exclusión basado en la discriminación étnica, los Estados Unidos utilizaron su expansión imperialista en el Caribe y en el Pacífico desde la guerra hispano-estadounidense de 1898 para extender su ideología de exclusión: en 1902, después de la ocupación militar de estos territorios, decretaron la aplicación de las leyes de exclusión de trabajadores chinos en Cuba y Filipinas (Young 2014, 99; Alejandrino 2003).

5.4. Poder hegemónico y la proliferación de políticas excluyentes en las Américas

Ya en 1898, después de la anexión de Hawái, los Estados Unidos habían prohibido la inmigración china a estas islas y la migración de los chinos que ya vivían allí a la tierra firme del país. Durante aquel tiempo se siguió desarrollando progresivamente la definición de quien era considerado "blanco", excluyendo a asiáticos: "De 1878 a 1909, once de doce casos que decidían sobre prerrequisitos para naturalizarse fallaron en contra del demandante, declarando que personas de China, Japón, Burma y Hawái eran no blancas" (Fitzgerald y Cook-Martín 2014, 88). A la vez se iba facilitando la clasificación de inmigrantes irlandeses, españoles, italianos y judíos europeos como 'blancos', asumiendo que 'blanco' equivalía ahora a 'europeo', y ya no exclusivamente a 'anglosajón', como todavía lo había propagado Benjamin Franklin a mediados del siglo XVIII (ibíd.).

En 1902, el congreso estadounidense extendió la exclusión de chinos por un período ilimitado (Fitzgerald y Cook-Martín 2014, 95). Desde la década de 1880, tanto las medidas de los Estados Unidos como la abolición de la trata de "culíes" habían tenido un impacto en todo el hemisferio americano:

> Después de 1880, cada país en las Américas adoptó alguna forma de ley de inmigración discriminatoria [...] Las exclusiones de chinos fueron las más comunes en todo el hemisferio. Los otros grupos más afectados fueron los japoneses, romaníes (llamados *gitanos* en países de habla hispana y *ciganos* en Brasil), negros e inmigrantes de Medio Oriente [...]. (Cook-Martín y FitzGerald 2019, 55)[83]

---

[83] Cursiva en el original.

De los 22 países en las Américas que estos autores incluyeron en su estudio, en la década de 1930 el número máximo de 18 países adoptaron leyes contra la inmigración de chinos (véase la figura ibíd., 52). La regulación de la inmigración a los Estados Unidos impactó a otros países por el mero tamaño del país, su poder creciente en el hemisferio y su posición delantera para la inmigración transoceánica. Cuando los Estados Unidos comenzaron a excluir a inmigrantes chinos, la mayoría de los demás países en las Américas reaccionó de inmediato:

> [...] muchos gobiernos impusieron discriminaciones étnicas porque temían que las prohibiciones estadounidenses contra la migración de obreros chinos en el siglo diecinueve y las restricciones contra migrantes del sur de Europa durante los años 1920 iban a desviar estos grupos a otros puertos. (Ibíd., 58)

Esto también fue el caso con el *Gentleman's Agreement* entre los Estados Unidos y Japón que a partir de 1907 limitó la inmigración de japoneses, aunque de forma dispar: mientras Canadá "casi inmediatamente impuso restricciones siguiendo el modelo del Gentleman's Agreement" (ibíd.), Brasil y Japón se pusieron de acuerdo para facilitar la inmigración de japoneses para fomentar el desarrollo de la agricultura brasileña.[84]

---

84 Desde el punto de vista del gobierno japonés, Brasil hasta aquel momento no había sido un destino preferible para sus emigrantes, pero esto cambió a causa de la política restrictiva de Estados Unidos (Lesser 1999, 85). Entre 1908 y 1941, más de 188000 japoneses inmigraron a Brasil (ibíd, 91), convirtiendo a la comunidad japonesa en este país en la más grande fuera de Japón.

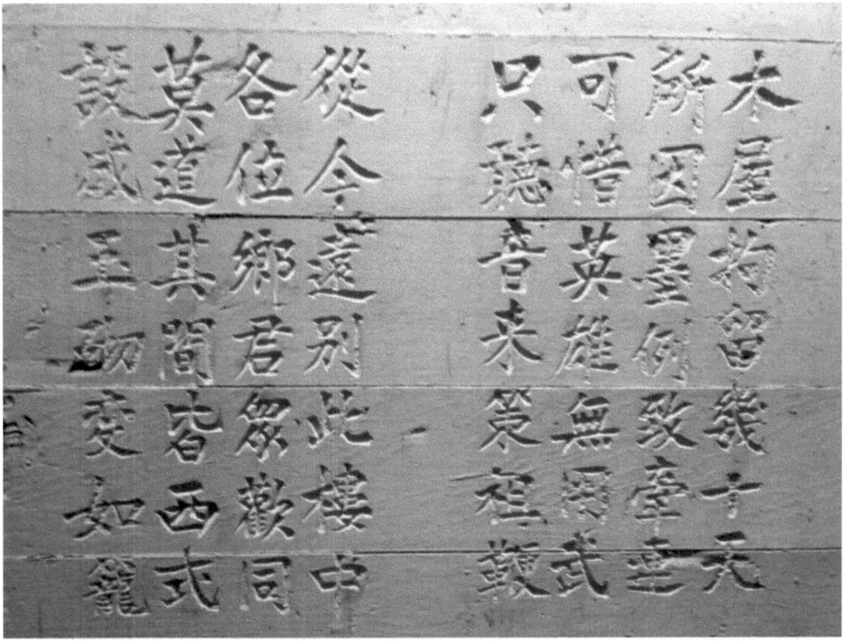

"Si bien está hecho de jade, se ha convertido en una jaula."[85] *Inscripción restaurada de dos poemas de un detenido anónimo en Angel Island, década de los 1920.* Cortesía Albert Manke.

Para regular la detención y el procesamiento de inmigrantes procedentes de China y otros países, en 1910 se estableció la estación de inmigración de Angel Island, ubicada en la bahía de San Francisco, California. Como hemos visto, San Francisco había sido el punto de entrada por el cual pasaron prácticamente todos los que inmigraron a los Estados Unidos por el Pacífico, y ahora se construyó esta estación similar a la ya establecida en Ellis Island desde 1892. Sin embargo, si ya Ellis Island fue un lugar de sueños, pero también de rechazos y deportaciones, en Angel Island, que funcionaba hasta 1940, el primer

85 Este verso forma parte del poema situado a la derecha de la foto. La traducción al inglés fue tomada de la placa correspondiente que se encuentra en la exposición permanente de la Estación de Inmigración den Angel Island. Con "jade" el autor se refería a la pintura verde del edificio.

objetivo era frenar la inmigración transpacífica, no facilitarla. Ambas eran puertas de entrada para inmigrantes deseosos de realizar su sueño de libertad y prosperidad, pero, como precisan Erika Lee y Judy Yung, para muchos chinos Angel Island se convirtió en una cárcel, ya que hacía cumplir las leyes antichinas:

> La estación de inmigración estaba inextricablemente vinculada a las "cientos de leyes opresivas" que discriminaban a los inmigrantes chinos. [...] Los chinos estaban sujetos a exámenes, interrogatorios y detenciones más largas que otros inmigrantes. (2010, 69-70)

Mientras los Estados pudieron implantar su política en los territorios que ocupaban o controlaban (como Cuba y Hawái) por medio del control hegemónico, en otros países no fue así. Como hemos observado, algunos – como México –, a pesar de la política norteamericana querían atraer a inmigrantes chinos, lo cual iba a cambiar con el nuevo auge del nacionalismo durante y después de la Revolución Mexicana. Otros aún formularon sus políticas con vistas a los Estados Unidos, pero no presionados por los mismos. Así fue el caso de Colombia, donde en 1887 el gobierno conservador del presidente Rafael Núñez decretó prohibir la "importación de chinos para cualesquiera trabajos en el territorio colombiano" (citado en Olaya 2018, párrafo 4).

A partir de la década de los años 1920 se puede constatar un crecimiento de los entrelazamientos interamericanos, y en este sentido también se iban acercando las políticas migratorias en la región. Se fueron adoptando patrones de distinción étnico-racistas que iban guiando el desarrollo de estas políticas. Esto fue facilitado y orientado por los "avances" y la cooperación en el campo científico donde se fueron estableciendo estándares transregionales de clasificación étnica a base de premisas racistas. En la Primera Conferencia Panamericana de Eugenesia y Homicultura, celebrada en 1927 en La Habana, los expertos "acordaron que la política de inmigración biológicamente selectiva era un medio para mejorar poblaciones nacionales" (Fitzgerald y Cook-Martín 2014, 59). En su estudio sobre la selección del inmigrante "apto" en Colombia, Iván Olaya anota que Domingo

Ramos, entonces Secretario General de esta conferencia y además el máximo representante de los expertos en eugenesia cubanos, se orientaba estrechamente en la política migratoria de los Estados Unidos al formular sus propuestas. Estaba en comunicación permanente con el experto en eugenesia estadounidense Charles Davenport quien había contribuido de manera clave a la formulación de la Ley Johnson-Reed de 1924 (Olaya 2018, párrafo 26).

Esta ley, también llamada *The 1924 Origins Act* o *The Immigration Act of 1924*, según Nancy Ordover estableció un sistema de cuotas para la limitar la inmigración al país a base del censo de 1890, "el cual fue elegido para restringir la futura inmigración de europeos del sur y este de Europa (particularmente judíos, eslavos, rusos e italianos) [...]" (Ordover 2011, 301). Esto se debía a que los conceptos racistas de la época que se hubieran establecido como un consenso que compartía gran parte de las élites "blancas" en el hemisferio occidental. El nacionalismo demandaba ciudadanos que se acoplasen al concepto dominante de pertenencia, y este concepto estaba profundamente racializado:

> Nacionalidad y raza no eran conceptos divisibles y la cuota de orígenes nacionales se ha visto sobre todo como un intento intencionado y exitoso para impedirles la entrada a los que no eran anglosajones o nórdicos. [...] Países del hemisferio occidental no estaban sujetos a la cuota. Como fue el caso con legislaciones anteriores, era un producto del deseo de mantener a los Estados Unidos lo más racialmente y culturalmente homogéneos posible. Les impedía la entrada a todos los que no calificaban para naturalizarse (esto es, los que no eran "blancos") con lo cual cortó el resto de lo que quedaba de la inmigración asiática después de casi 50 años de legislación excluyente contra asiáticos. (Ibíd., 301-302)

Doris Provine asiente con que el concepto de "raza" y el desarrollo de las leyes de inmigración estén entrelazados e interpreta este entrelazamiento como resultado del deseo de separar a las personas entre sí mismas:

> El deseo de separar a las personas por raza, y a veces por religión, frecuentemente ha animado campañas por leyes excluyentes. Estas campañas a veces son exitosas, como la adopción de lo que se iba a conocer como leyes de Exclusión China a finales del siglo diecinueve. (2013, 32)

Volviendo a la conferencia de La Habana de 1927, Domingo Ramos se orientaba tanto en la Ley Johnson-Reed que "quería introducir esta ley en Cuba y en el resto de América Latina, tratando de convencer a sus homólogos que recomendaran a sus gobiernos la implementación del sistema de cuotas" (Olaya 2018, párrafo 26). Sus ideas reflejaban las de eugenésicos y políticos contemporáneos, ya que propagaban "un mejoramiento en el patrimonio genético nacional" (ibíd.). Sin embargo, la mayoría de los representantes de otros países latinoamericanos no estaban de acuerdo con seguir las pautas de los Estados Unidos, aunque tampoco "estaban en contra de una selección racial de los inmigrantes según su lugar de origen" (ibíd.). Es decir, compartían las ideas racistas pero querían formular sus propias propuestas de leyes migratorias. Estas leyes con frecuencia se basaban en conceptos que se habían ido desarrollando en cada país, y no meramente bajo la influencia de una potencia hegemónica. En estas influyeron factores como migraciones causadas por epidemias o conflictos armados como la Primera Guerra Mundial, la Revolución Mexicana y la Revolución Rusa. Personas que huían de estos y otros escenarios

> [...] suscitaron temor entre los gobiernos latinoamericanos quienes percibían a los inmigrantes, producto de estos conflictos, como el "desecho humano" biológicamente 'inadecuado' que restaba una vez terminada la guerra. Esta percepción se vio respaldada por el discurso eugenésico el cual, con base en principios hereditarios, buscaba la selección del hombre biológicamente apto para "civilizar" el continente. (Olaya 2018, párrafo 14)

La Revolución Mexicana, sin embargo, no solo produjo emigrantes "no deseables" para otros países de la región, sino cambió radicalmente el rostro social del país y redefinió tanto el significado como el contenido de la identidad nacional mexicana. Como ha sido analizado por varios estudios, hubo dos dinámicas en que los chinos en México fueron perseguidos de forma especialmente dura (Yankelevich 2004).[86] En 1911, la comunidad china que había florecido en la ciudad de Torreón (estado de Coahuila), fue destruida cuando tropas de Francisco Madero mataron a más de 300 residentes chinos y a cinco japoneses. La forma se parecía a otras masacres (como las ya mencionadas en los Estados Unidos), ya que sus cuerpos fueron "desnudados, robados y mutilados mientras sus casas fueron saqueadas y quemadas" (citado en González 2017, 19). Después de cesar las hostilidades, la inmigración china a México nuevamente cobró fuerza, e incluso creció durante los años 1920 (Chang 2017, 12). A la vez, se fueron formando organizaciones antichinas en todo el país que eran particularmente fuertes en los estados norteños de Sonora y Sinaloa (González 2017, 45).

En Sonora, el activista y político José Ángel Espinoza no solamente participó en la campaña para insultar y expulsar a los chinos de esta provincia, sino que escribió un análisis minucioso de la misma para que sirviera como una especie de manual para la expulsión de chinos de todo el país. Como detalla Catalina Velázquez Morales, las campañas de Sonora y Baja California fueron organizadas por grupos e individuos racistas, "haciendo uso de un discurso nacionalista xenófobo, [mediante el cual] pretendían lograr la unidad de la población para enfrentarla contra los grupos de extranjeros, en este caso de los chinos, que mantenían su hegemonía en las actividades relacionadas con el comercio" (2009, 43). En el caso del sonorense Espinoza vemos qué tipo de nacionalismo estaba propagando. Postulando la necesidad de que los ideales nacionalistas en México "debían de extenderse como en Francia, Alemania, Italia, y los Estados Unidos" (Espinoza 1932, 182), se orientaba sobre todo en los movimientos fascistas en aquellos países. Aparte de sus excesos abiertamente racistas contra los chinos, combina el nacionalismo y el antisemitismo:

---

86 Unos de los primeros estudios comprehensivos sobre el tema fueron el de Hu-DeHart (1982) y de Gómez Izquierdo (1988).

> [...] sólo con la práctica constante de esta doctrina [del nacionalismo], se eleva y se independiza de manera efectiva a las naciones. Nosotros hemos visto, más de una vez, la cara de burla de esos vendedores ambulantes judíos que en mugroso cajón que llevan a cuestas se dedican al comercio de toda especia de chismes de ferretería menuda [...]. (Ibíd.)

La década de 1930, marcada por los efectos de la Gran Depresión de 1929 y el surgimiento de movimientos populistas, fue un período en el que se reforzaron las tendencias nacionalistas en varios países latinoamericanos, y con ellos con frecuencia los resentimientos contra extranjeros. En Cuba, por ejemplo, la crisis económica afectó particularmente a cuentapropistas y a otros que tenían pequeños negocios, y muchos regresaron a China. Los que se quedaron en Cuba fueron afectados por movimientos nacionalistas que en 1934 lograron la aprobación de la Ley de la Nacionalización del Trabajo. Esta requería que el 50 por ciento de los puestos de trabajo en la industria, el comercio y la agricultura les fueran otorgados a ciudadanos cubanos: "El movimiento obrero nativista ponía en la mira a todos los extranjeros, pero particularmente a jamaicanos y haitianos en la agricultura, y a españoles, judíos y chinos en el comercio al por menor" (López 2013, 201). Estas leyes estaban en estrecha relación con leyes migratorias que excluían a asiáticos, judíos y otros grupos de inmigrantes a los cuales no se les concedía las mismas posibilidades de participación y pertenencia que a los descendientes de inmigrantes europeos.

Resumen del capítulo 5

En este capítulo se ha mostrado que sobre todo entre las décadas finales del siglo XIX hasta las primeras décadas del siglo XX se pueden identificar múltiples formas de entrelazamientos interamericanos y transpacíficos en lo que se refiere a la inmigración china. Las leyes y prácticas de exclusión estadounidenses establecieron estándares a partir de 1882 y nuevamente con la introducción del sistema de cuotas en 1924. Crearon un marco de referencia importante para todo el hemisferio interamericano, aunque no fueran adoptadas por todas las naciones en las Américas. Podemos observar que con el intervencionismo imperialista de los Estados Unidos (que duraba aproximadamente de 1898 hasta la década de los años 1920) se dio una implantación del régimen excluyente contra chinos y otros asiáticos en los países más dominados por la injerencia estadounidense, que fueron Cuba, Puerto Rico, varios países centroamericanos y en Asia las Islas Filipinas. Esto no quiere decir que no hubiese existido discriminación de chinos en estos países con anterioridad; al contrario: especialmente en Cuba, las prácticas de explotación racista contra los esclavos africanos fueron aplicadas a los "culíes" chinos hasta la intervención de la Comisión China en 1874 que logró la abolición de la trata de "culíes", igual que en el Perú. Así y todo, la fuerte inmigración china en estos dos países llegaría a establecer a los chinos como una parte íntegra de la sociedad, a pesar de seguir sufriendo múltiples incidencias de discriminación.

En otros países que no estaban tan sujetos al control estadounidense, el desarrollo del régimen de inmigración se dio de forma más autónoma y dependía más del desarrollo nacional o local. México no había recibido casi ninguna inmigración china en el siglo XIX, pero, a pesar de los intentos de los Estados Unidos de impedirlo, se comenzó a incentivarla hacia finales del mismo. Además, tanto México como Cuba fueron impactados por la era de exclusión estadounidense, ya que durante este período se desarrollaron patrones de migración circular que llegaron a entrelazar a las comunidades chinas en estos y otros países de las Américas, y a través del Pacífico. El desarrollo de estas redes se vio modelado por la acción de las asociaciones chinas de manera transnacional, transregional y transpacífica. Por lo tanto, si queremos responder a la pregunta de que si puede hablar o no de una diseminación de la xenofobia, no podemos inclinarnos hacia una mera afirmación o negación. La influencia estadounidense en la formulación y aplicación de reglamentos y prácticas discriminatorias contra chinos es indudable. Pero del mismo modo hay que tener en cuenta las ideas racistas que existían en las élites y parte de las sociedades latinoamericanas que también moldearon políticas excluyentes. Algunas de las congruencias y contradicciones en el desarrollo del régimen migratorio transnacional se pudieron observar en torno a la ya mencionada Primera Conferencia Panamericana de Eugenesia y Homicultura, celebrada en 1927 en La Habana. Por lo tanto, concluimos que la diseminación de la xenofobia se dio de manera pluricéntrica, dependiendo tanto del desarrollo interno de cada país como de las dinámicas interamericanas entre los países de toda la región.

Conclusiones

Este ensayo se ha acercado a la exclusión y discriminación de inmigrantes chinos libres en las Américas, por dos vertientes: la comparativa y la de entrelazamientos. En primer lugar se han analizado dos grandes ciclos de exclusión en etapas bien distantes: la inmigración china libre a Filipinas en la época colonial española, y la inmigración china libre a California, incluyendo referencias a México, Cuba, Canadá y otros países en las Américas desde mediados del siglo XIX hasta principios del siglo XX.

Enfocando particularmente en la comunidad de sangleyes en Manila, el primer ciclo pone en relieve que las actitudes y prácticas xenófobas de los conquistadores y colonizadores españoles de aquella época ocurrían en un espacio fronterizo. Este espacio – a diferencia de los territorios en el continente americano – estaba demarcado por potencias asiáticas consideradas enemigos potentes por los españoles, es decir el imperio chino y el japonés. A la vez, parecido al Caribe, constituía un espacio de confrontaciones con los intereses de otras potencias europeas (los portugueses y los holandeses) que competían por la dominación colonial y económica en el Sureste Asiático. Los inmigrantes chinos, que en buena parte pertenecían a redes de comerciantes bien establecidas en la provincia costera de Fujian al sureste de China, veían sus oportunidades tanto en el comercio transpacífico (el Galeón de Manila) como en el comercio al por menor a nivel local. Lograron establecerse como indispensables en ambos ámbitos, ya que los conquistadores y colonizadores inmigrados desde España y sobre todo de la Nueva España no lograron establecer un sistema de comercio al por menor competitivo. Tampoco controlaban las rutas comerciales en el mar de la China Meridional, dependiendo así doblemente de los sangleyes. Sin embargo, aparte de ejercer múltiples métodos de control, explotación y sumisión contra los chinos, cuando los españoles se veían amenazados o tenían la impresión de perder el control sobre esta colonia, hacían uso de la violencia, llegando hasta masacres que casi exterminaron la comunidad china de Manila.

La respuesta de la comunidad china al maltrato no fue ni uniforme ni permanente: mientras los comerciantes sangleyes con frecuencia trataban de mantener su posición privilegiada y actuaban de intermediarios entre españoles y trabajadores chinos más sencillos, estos últimos tendían a rebelarse más fácilmente contra la explotación y el maltrato. Además, como hemos visto, la comunidad china se volvió a regenerar después de las masacres y llegó a formar el grupo de mestizos más importante en filipinas mediante casamientos con la población filipina. En su totalidad, la inmigración china a Filipinas constituyó un elemento clave para el desarrollo y funcionamiento de la colonia española (y luego para la fundación de la nación filipina). Sin ellos, la sociedad colonial no funcionaba. Por lo tanto, las persecuciones españolas de los chinos parecen haber debilitado esta sociedad en vez de estabilizarla.

El segundo ciclo se dio casi trescientos años más tarde, cuando un fenómeno migratorio parecido sucedió en California, arrancada de México por los Estados Unidos en 1848. Nuevamente podemos observar cómo un imperio (en este caso los Estados Unidos) ocupaba un territorio para incorporarlo a su dominio. Esta vez, el territorio ya había sido colonizado por los españoles y después pasó a formar parte de los Estados Unidos Mexicanos, aunque seguían viviendo miles de indígenas en el mismo. Si ya eran sometidos por los españoles, bajo la dominación estadounidense los indígenas fueron prácticamente exterminados. Casi al mismo instante de la anexión estadounidense, comenzó la fiebre del oro que convirtió California en un destino deseable para inmigrantes de todo el mundo, entre ellos miles de inmigrantes del sur de China, principalmente de la provincia de Guangdong (Cantón).

Mientras en el siglo XVI fue la plata mexicana que llevaban los españoles a Filipinas, ahora era el oro que yacía en las minas a lo largo del oeste norteamericano lo que atraía la inmigración de chinos. Después de pasada la fase de minería de cotos (y paralelo a la misma), los inmigrantes chinos iban a desempeñar sobre todo otras labores como el comercio y la lavandería, además del trabajo en la construcción del ferrocarril. Ambos procesos de interacción entre europeos y chinos se parecen en el sentido que los europeos (españoles y angloamericanos, respectivamente), se sentían dueños del territorio conquistado y colonizado, y se resistían a que inmigrantes les disputaran este control. En el caso de California, donde además de los chinos había inmigrantes de muchos otros lugares, esta resistencia se dirigía especialmente contra inmigrantes chinos, residentes sinoamericanos y otros asiáticos que los euroamericanos los consideraban como étnica y culturalmente inferiores, por lo cual los discriminaban, les impedían hacerse ciudadanos y trataban de expulsarlos.

Si bien los patrones de exclusión se parecen en el caso de Filipinas y en el californiano e interamericano, por supuesto existen diferencias evidentes que se deben tanto a la distancia temporal y territorial como a las diferencias sociales, políticas y económicas entre ambos casos. Para vincular ambos períodos hemos tenido en cuenta la perspectiva de *longue durée* en el sentido de Fernand Braudel que permite hacer comparaciones en un marco temporal más amplio, pero unido por la expansión europea en las Américas y en Asia.[87]

El tercer capítulo de este ensayo abre la segunda vertiente de la historia entrelazada interamericana y a la vez trata de servir de vínculo entre la Edad Moderna y la Edad Contemporánea, entre el segundo y el cuarto capítulo. Partiendo de la transición de la migración forzosa a la migración libre, muestra cómo en el caso de los migrantes chinos (y de otras partes de Asia) esta transición fue codificada por marcadores de etnicidad y pertenencia que hacen resaltar un alto grado de desigualdad con respecto a inmigrantes "blancos" (lo que sucesivamente iba a equivaler a "europeos"). Esto se debía a un entramado entre poder, adscripciones racializadas, clase social y género que llegó a generar dinámicas de discriminación y exclusión a base de designaciones étnicas y prejuicios xenófobos.

En el quinto capítulo se ha tratado de hacer más visibles los entrelazamientos interamericanos y transpacíficos. Como punto de partida se preguntaba si la hegemonía estadounidense (que se iba

87 Weaver (2003) aplica esta perspectiva para acercarse al extractivismo a nivel global desde la Edad Moderna temprana hasta 1900.

estableciendo sobre todo a partir del ascenso de los Estados Unidos a primera potencia del hemisferio americano en 1898) significaba una configuración de la cooperación interamericana en asuntos migratorios según el modelo estadounidense. O, más concreto, si las políticas y prácticas discriminatorias contra la inmigración de chinos iban a ser impuestas por medio de la presión estadounidense en otros países de las Américas. Hemos visto que no se puede dar una respuesta simplificadora a este proceso. Si bien la hegemonía de los Estados Unidos se hacía muy evidente en los países afectados directamente por sus intereses imperialistas y económicos (como Cuba, Puerto Rico y varios países centroamericanos), no fue tan unilineal con otros países. Más bien podemos constatar – y esto va de acuerdo con la investigación sobre la influencia estadounidense en Latinoamérica a partir de 1898 – que cada país defendía sus propios intereses y tenía sus propias limitaciones.

Si bien la influencia del modelo estadounidense se puede detectar claramente, es evidente que no fue el único modelo de regulación de la inmigración que existía, como quedaba plasmado en las políticas de "blanqueamiento" seguidas (en parte desde tiempos coloniales) por Cuba, Brasil, Argentina y otros países. Si bien existía una confluencia de políticas excluyentes y racistas a nivel interamericano, especialmente con el estrechamiento de la cooperación panamericana después de la Primera Guerra Mundial, los Estados Unidos no constituían el único centro de emisión de las mismas. La aplicación de estas políticas y prácticas tampoco se regía sencillamente por la adopción de un modelo interamericano establecido en toda la región, sino que era dispar, influida por el desarrollo nacional, regional y local de y en cada país, como fue el caso de la persecución y exclusión de inmigrantes y residentes chinos en torno a la Revolución Mexicana. Esta revolución a su vez sirvió de modelo transregional para el desarrollo de ideas, prácticas y políticas en América Latina, pero no para la regulación de la inmigración de asiáticos.

Relacionadas a los entrelazamientos interamericanos están las negociaciones transpacíficas de acuerdos bilaterales y transregionales que también regulaban la migración entre Asia y varios países en las

Américas. A finales del siglo XIX y principios del XX, acuerdos y tratados entre China y/o Japón por un lado y Cuba, el Perú, México, Brasil y los Estados Unidos (para nombrar los más importantes) por otro, trataban de amortiguar el impacto desastroso de la explotación y exclusión de migrantes y residentes asiáticos o de incentivar (como en el caso de Brasil y México) la inmigración asiática. Otro elemento importante que de cierta forma compagina con estos esfuerzos de proteger a los inmigrantes es la acción de actores en las comunidades chinas en las Américas. Como ha sido mencionado en el capítulo 5, éstas formaban sus propias redes para circunvalar políticas excluyentes y llegaron a establecer rutas alternativas y patrones de cooperación interamericana diferentes a las de las autoridades nacionales. Los mecanismos de ayuda mutua, oriundos de prácticas locales comunitarias en China, contribuían a elevar el nivel de resiliencia tanto individual como de la comunidad, y eran necesarios para la supervivencia y el desarrollo de estas comunidades para hacer frente a la discriminación. Esto con frecuencia ha sido comparado con la diáspora judía, como indica Evelyn Hu-DeHart:

> Este fenómeno en la diáspora china […] con frecuencia se ha comparado con el antisemitismo experimentado por los judíos en la diáspora. En ambos casos el resentimiento tiene algo que ver con el carácter étnico distintivo del grupo objetivo, con su fuerte sentimiento de clan, su extrañeza, y – lo cual resultaba tan inquietante como intrigante – con su percibido éxito excesivo en ocupaciones limitadas pero distinguidas, especialmente en el comercio al por menor y local. (2010, 65)

Finalmente, podemos concluir que la combinación de ambas vertientes de este ensayo, del acercamiento comparativo con el de las historias cruzadas, entrelazadas y conectadas ofrece una forma prometedora para acercarse a los entrelazamientos interamericanos y transpacíficos en una perspectiva diacrónica. La fusión del concepto de *histoire croisée* introducido por Werner y Zimmermann (2006 y antes) con las nuevas corrientes de la historia comparada nos abre el camino, como señala Andreo (2017), a echar a un lado las limitaciones nacionalistas y permite nociones de conectividad y de flujos adaptados de los estudios culturales y de diásporas.

De la historia de la exclusión y discriminación de chinos en las Américas se han puesto de relieve tanto elementos comparativos como entrelazados, tendiendo de forma innovadora un puente entre épocas distantes, y haciendo énfasis en el cambio de la calidad y frecuencia de los elementos entrelazados en la Edad Contemporánea. Sin embargo, el objetivo de este ensayo no puede ser más que una aproximación tentativa. El próximo paso que quiero abarcar con mi investigación en curso será el de fijar una mirada más profunda en las múltiples formas en que las comunidades chinas en las Américas reaccionaron a las dinámicas de discriminación y exclusión. En particular, me interesa cómo en algunos casos lograron crear mediante la resiliencia, la resistencia y la adaptación espacios protegidos de convivencia y ascenso social, moldeando de esta forma el desarrollo de las sociedades en las Américas, a pesar de los reveses que se les presentaban.

Fuentes y colecciones de documentos

1790 Naturalization Act, Sess. II, Chap. 3; 1 stat 103. 1st Congress. March 26, 1790. http://library.uwb.edu/Static/USimmigration/1%20stat%20103. pdf.

1795 Naturalization Act, Sess. II, Chap. 19, 20; 1 stat 414. 3rd Congress. January 29, 1795. http://library.uwb.edu/Static/USimmigration/1%20 stat%20414.pdf.

1798 Naturalization Act, Sess. II, Chap. 54; 1 stat 566. 5th Congress. June 17, 1798. http://library.uwb.edu/Static/USimmigration/1%20stat%20566 .pdf.

"American immigration and xenophobia." Entrevista con Erika Lee. Emisión: Jueves 29 de noviembre 2018, 8:05 p.m. ABC Australia. https:// www.abc.net.au/radionational/programs/bigideas/american-immigration-and-xenophobia/10550452.

Atlas, Laureano. 1761. "Aspecto Simbólico del Mundo Hispánico." Illustration. En *Theses Matemáticas de Cosmographia, Geographia y Hydrographía*, ed. Vicente de Memije. Manila: sin ed. https://upload. wiki-media.org/wikipedia/commons/4/47/Laureano_atlas-aspecto_simbolico_del _mundo_hispanico.png.

[Burlingame Treaty 1868] U. S. Treaties, Etc. Andrew Johnson. *Additional Articles To The Treaty Between The United States of America And The Ta-Tsing Empire, Of June 18, 1858*. Concluded At Washington, July 28, 1868. Library of Congress, Rare Book and Special Collections Division, Printed Ephemera Collection, Portfolio 236, Folder 24. https://www.loc.gov/item/rbpe.23602400/.

California State Assembly, Office of the Chief Clerk: *Statutes and Amendments to the Codes 1850*. https://clerk.assembly.ca.gov/sites/clerk. assembly.ca.gov/files/archive/Statutes/1850/1850.pdf.

California State Assembly, Office of the Chief Clerk: *Statutes and Amendments to the Codes 1855*. https://clerk.assembly.ca.gov/sites/clerk. assembly.ca.gov/files/archive/Statutes/1855/1855.pdf.

California State Assembly, Office of the Chief Clerk: *Statutes and Amendments to the Codes 1862*. https://clerk.assembly.ca.gov/sites/clerk. assembly.ca.gov/files/archive/Statutes/1862/1862.pdf.

Constitution of the State of California 1879. State Office: J. D. Young, Supt. State Printing, Sacramento, 1880. https://archives.cdn.sos.ca.gov/ collections/1879/archive/1879-constitution.pdf.

"East and West Shaking Hands at Laying Last Rail." 1869. Fotografía de Andrew J. Russel. Oakland Museum of California. http://collections. museumca.org/?q=system/files/H69.459.2030_15-AROH_785_2.jpg.

Juicio del papel escrito en Manila, en veinte y cinco de marzo de mil seiscientos y setenta y siete, sobre que no se permitan de asiento los sangleyes en las Islas Filipinas, fols. 332–358, Archivo de la Provincia del Santísimo Rosario, series B, section Sangleyes, Documentos sueltos 1594-1730, in chronological order, doc. 30. Archive of the University of Santo Tomás, Manila.

Leland Stanford, 8th Governor, Republican, 1862–1863. *Inaugural Address*. Delivered January 10, 1862. http://governors.library.ca.gov/ addresses/08-Stanford.html.

Murillo Velarde, Pedro y Nicolás de La Cruz Bagay. 1734. *Carta hydrographica y chorographica de las Yslas Filipinas: dedicada al Rey Nuestro Señor por el Mariscal d. Campo D. Fernando Valdes Tamon Cavallo del Orden de Santiago de Govor. Y Capn*. [Manila, sin ed.] [Mapa.] Library of Congress. https://www.loc.gov/item/ 2013585226/.

"Report of Special Committee on the Condition of the Chinese Quarter, and the Chinese in San Francisco." 1885. Prepared by W. B. Farwell and John E. Kunkler. En *San Francisco Municipal Reports for the Fiscal Year 1884–85, Ending June 30, 1885*. Published by the Order of the Board of Supervisors. San Francisco: W. M. Hinton, 164–214.

"Sangley in Boxer Codex." https://upload.wikimedia.org/wikipedia/ com-mons/3/34/Sangley_in_Boxer_Codex.jpg.

Sino-Spanish codex (Boxer codex), ca. 1590. Boxer mss. II. Indiana University, Bloomington, Indiana. http://purl.dlib.indiana.edu/iudl/general/VAB8326.

Supreme Court of California. "THE PEOPLE, Respondent, v. GEORGE W. HALL, Appellant." Cal. 1854. 4 Cal. 399, 1854 WL 765 (Cal.). http://www.jonathantan.org/RLGN224/People_v_Hall.pdf.

"The Great Fear of the Period: That Uncle Sam may be swallowed by foreigners. The problem solved." San Francisco: White & Bauer, [between 1860 and 1869]. Digital ID: pga 03047. http://hdl.loc.gov/loc. pnp/pga.03047. Library of Congress Prints and Photographs Division, Washington, D.C., 20540 USA.

U.S. Bureau of Census. 1975. *Historical Statistics of the United States: Colonial Times to 1970*. Bicentennial Edition. Washington, D.C.

[*U.S. Declaration of Independence*] *In Congress, July 4, 1776, a declaration by the representatives of the United States of America, in General Congress assembled*. Philadelphia: Printed by John Dunlap, [1776]. https://www.loc.gov/item/2003576546.

Obras citadas

Achiume, E. Tendayi. 2018. "Governing Xenophobia." *Vanderbilt Journal of Transnational Law* 51, no. 2 (March): 333–398.

———. 2014. "Beyond Prejudice: Structural Xenophobic Discrimination against Refugees." *Georgetown Journal of International Law* 45, no. 2: 323–381.

Albiez, Sarah, Philipp Kauppert y Sophie Müller, eds. 2007. *China und Lateinamerika: Ein transpazifischer Brückenschlag*. Berlin: Wissenschaftlicher Verlag Berlin.

Alejandrino, Clark. 2003. *A History of the 1902 Chinese Exclusion Act: American Colonial Transmission and Deterioration of Filipino-Chinese Relations*. Manila: Kaisa Para Sa Kaunlaran.

Almaguer, Tomás. 1994. *Racial Fault Lines: The Historical Origins of White Supremacy in California*. Berkeley: University of California Press.

Amelina, Anna, Thomas Faist y Devrimsel D. Nergiz, eds. 2016. *Methodologies on the Move: The Transnational Turn in Empirical Migration Research*. London: Routledge. Primera edición en tapa blanda.

Amelina, Anna y Thomas Faist. 2016. "De-naturalizing the National in Research Methodologies: Key Concepts of Transnational Studies in Migration." En Amelina, Faist y Nergiz, 1–18.

Amyot, Jacques. 1973. *The Manila Chinese: Familism in the Philippine Environment*. 2da ed. Quezon City: Institute of Philippine Culture; Ateneo de Manila University.

Andreo, Igor Luis. 2017. "América Latina e as histórias transnacionais, conectadas e cruzadas: a comparação ainda é pertinente para o campo historiográfico?" *História: Debates e Tendências* 17, no. 1 (jan./jun.): 101–110.

Aoki, Keith. 2011. "The Yellow Pacific: Transnational Identities, Diasporic Racialization, and Myth(s) of the 'Asian Century'." *UC Davis Law Review* 44, no. 3 (February): 897–953.

Armentrout Ma, L. Eve. 1991. "Chinatown Organizations and the Anti-Chinese Movement, 1882–1914." En Chan, 147–169.

Asing, Norman. 1852. "To His Excellency Governor Bigler." En Yung, Chang y Lai 2006, 9–12.

Bancroft, Hubert H. 1888. *California Inter Pocula*. San Francisco: The History Company.

Barkan, Elliott R. 2007. *From All Points: America's Immigrant West, 1870s–1952*. Bloomington: Indiana University Press.

Barrett, James R. y David Roediger. 2002. "How White People Became White." En *White Privilege: Essential Readings on the Other Side of Racism*, ed. Paula S. Rothenberg, 29–34. New York: Worth Publishers.

Barth, Gunther. 1964. *Bitter Strength: A History of the Chinese in the United States, 1850–1870*. Cambridge: Harvard University Press.

Bauböck, Rainer y Thomas Faist, eds. 2010. *Diaspora and Transnationalism: Concepts, Theories and Methods*. Amsterdam: Amsterdam University Press.

Baxter, R. Scott. 2008. "The Response of California's Chinese Populations to the Anti-Chinese Movement." *Historical Archaeology* 42, no. 3 (The Archaeology of Chinese Immigrant and Chinese American Communities): 29–36.

Bell, David A. y Yair Mintzker, eds. 2018. *Rethinking the Age of Revolutions: France and the Birth of the Modern World*. Oxford: Oxford University Press.

Betts, Alexander y Lena Kainz. 2017. "The History of Global Migration Governance." *RSC Working Paper Series* 122, Refugee Studies Centre, University of Oxford, Oxford. https://www.rsc.ox.ac.uk/publications/the-history-of-global-migration-governance.

Bjork, Katharine. 1998. "The Link that Kept the Philippines Spanish: Mexican Merchant Interests and the Manila Trade, 1571–1815." *Journal of World History* 9, no. 1: 25–50.

Blussé, Leonard. 1986. *Strange Company: Chinese Settlers, Mestizo Women and the Dutch in VOC Batavia*. Dordrecht: Foris.

———. 1981. "Batavia, 1619–1740: The Rise and Fall of a Chinese Colonial Town." *Journal of Southeast Asian Studies* 12, no. 1: 159–178. https://doi.org/10.1017/S0022463400005051.

Boatcă, Manuela. 2013. "Coloniality of Labor in the Global Periphery: Latin America and Eastern Europe in the World-System." *Review (Fernand Braudel Center)* 36, nos. 3–4 (Centers and Peripheries Revisited): 287–314.

Bonialian, Mariano A. 2012. *El Pacífico hispanoamericano: Política y comercio asiático en el Imperio Español (1680–1784) – La centralidad de lo marginal*. México, D.F.: El Colegio de México.

———. 2014. *China en la América colonial: Bienes, mercados, comercio y cultura del consumo desde México hasta Buenos Aires*. Buenos Aires: Biblos.

Borao, José Eugenio. 1998. "The Massacre of 1603: Chinese Perception of the Spanish on the Philippines." *Itinerario* 22, no. 1: 22–40.

Bornstein, George. 2014. Material Modernism: The Politics of the Page. Cambridge: Cambridge University Press.

Bromley, Isaac H. 1886. *The Chinese Massacre at Rock Springs, Wyoming Territory, September 2, 1885*. Boston: Franklin Press.

Bruns, Claudia. 2017. "Anthropomorphe Europakarten im Übergang zur Frühen Neuzeit." *Zeitsprünge. Forschungen zur Frühen Neuzeit* 21, no. 1/2 (Der Körper des Kollektivs): 9–43.

———. 2013. "Rassismus" In *Gender@Wissen: Ein Handbuch der Gender-Theorien*, ed. Christina von Braun e Inge Stephan, 213–245. 3ra ed. Cologne: Böhlau UTB.

Cano Borrego, Pedro Damián. 2016. "Sangleyes: Los residentes chinos en las Filipinas españolas." *Revista de la Inquisición (intolerancia y derechos humanos)* 20: 213–242. https://dialnet.unirioja.es/descarga/articulo/5788783.pdf.

Carlin, Amanda. 2016. "The Courtroom as White Space: Racial Performance as Noncredibility." *UCLA Law Review* 63, no. 2: 449–484.

Carrillo, Rubén. 2017. *Las gentes del Mar Sangley*. México, D.F.: Palabra de Clío. http://www.palabradeclio.com.mx/src_pdf/Las1542847956.pdf.

———. 2015. "Asians to New Spain: Asian Cultural and Migratory Flows in Mexico in the Early Stages of 'Globalization' (1565–1816)." Tesis doctoral, Universitat Oberta de Catalunya. https://www.tesisenred.net/ bitstream/handle/10803/380545/Tesi-Carrillo.pdf.

Chan, Sucheng, ed. 1991. *Entry Denied: Exclusion and the Chinese Community in America, 1882–1943*. Philadelphia: Temple University Press.

———. 1991a. "The Exclusion of Chinese Women, 1870–1943." En Chan, 94–146.

Chang, Gordon H. 2012. "China and the Pursuit of America's Destiny: Nineteenth-Century Imagining and Why Immigration Restriction Took So Long." *Journal of Asian American Studies* 15, no. 2 (June): 145–169.

Chang, Jason O. 2017. *Chino: Anti-Chinese Racism in Mexico, 1880–1940*. Champaign: University of Illinois Press.

———. 2016. "Towards a Hemispheric Asian American History." En Yoo y Azuma, 30–49.

Chang, Kornel S. 2016. "Reconsidering Asian Exclusion in the United States." En Yoo y Azuma, 154–170.

Chang, Robert S. 2012. "Centering the Immigrant in the Inter/National Imagination (Part III. Aoki, Rawls, and Immigration." *Immigration and Nationality Law Review* 33, no. 2: 339–358.

Chang, Robert S. y Keith Aoki. 1998. "Centering the Immigrant in the Inter/National Imagination." *La Raza Law Journal* 10, no. 1: 309–362 [reprint from: *California Law Review* 85, no. 5 (1997): 1395–1447].

Chang-Rodríguez, Eugenio. 2015. *Diásporas chinas a las Américas*. Lima: Fondo Editorial de la Pontífica Universidad Católica del Perú.

Chao Romero, Robert. 2010. *The Chinese in Mexico, 1882–1940*. Tucson: University of Arizona Press.

Ch'en, Ching-Ho. 1968. *The Chinese Community in Sixteenth Century Philippines*. Tokyo: The Center for East Asian Cultural Studies.

Chen, Hsiang-shui. 1992. *Chinatown No More: Taiwan Immigrants in Contemporary New York*. Ithaca: Cornell University Press.

Chen, Yong. 1997. "The Internal Origins of Chinese Emigration to California Reconsidered." *Western Historical Quarterly* 28, no. 4 (Winter): 520–546.

Cheong, W. E. 1971. "The Decline of Manila as the Spanish Entrepôt in the Far East, 1785–1826: Its Impact on the Pattern of Southeast Asian Trade." *Journal of Southeast Asian Studies* 1971, no. 2: 142–158.

Chia, Lucille. 2006. "The Butcher, the Baker, and the Carpenter: Chinese Sojourners in the Spanish Philippines and their Impact on Southern Fujian (Sixteenth–Eighteenth centuries)." *Journal of the Economic and Social History of the Orient* 49, no. 4: 509–534.

Chin, Gabriel J. 2013. "A Chinaman's Chance in Court: Asian Pacific Americans and Racial Rules of Evidence." *UC Irvine Law Review* 3, no. 4: 965-990. https://www.law.uci.edu/lawreview/vol3/no4/Chin.pdf.

———. 1996: "The Civil Rights Revolution Comes to Immigration Law: A New Look at the Immigration and Nationality Act of 1965." *North Carolina Law Review* 75, no. 1 (November): 273–346.

Chinn, Thomas W. 1989. *Bridging the Pacific: San Francisco Chinatown and its People*. San Francisco: Chinese Historical Society of America.

Chirot, Daniel y Anthony Reid, eds. 1997. *Essential Outsiders: Chinese and Jews in the Modern Transformation of Southeast Asia and Central Europe*. Seattle: University of Washington Press.

Chong, José Luis 2013. *Los sangleyes chinos en el comercio novohispano (1550–1800)*. México, D.F.: Palabra de Clío.

Chou, Diego L. 2001. "Los chinos en la Guerra del Pacífico." *Revista de Historia de América* 129 (julio-diciembre): 197–224.

Christopher, Emma, Cassandra Pybus y Marcus Rediker, eds. 2007. *Many Middle Passages: Forced Migration and the Making of the Modern World*. Berkeley: University of California Press.

Chu, Richard T. 2010. *Chinese and Chinese Mestizos of Manila*. Leiden: Brill.

Chust, Manuel 2015. "Sobre revoluciones en América Latina... si las hubo." En *Las revoluciones en el largo siglo XIX latinoamericano*, ed. Rogelio Altez y Manuel Chust Calero, 21–42. Madrid; Frankfurt am Main: Iberoamericana; Vervuert.

Cook-Martín, David y David S. FitzGerald. 2019. "How Their Laws Affect our Laws: Mechanisms of Immigration Policy Diffusion in the Americas, 1790–2010." *Law & Society Review* 53, no. 1: 41–76.

Cyrill, Melissa. 2018. "Hong Kong-Zhuhai-Macau Bridge: Mainland Connectivity Key to Bay Area Ambitions." *China Briefing*. October 31, 2018. https://www.china-briefing.com/news/hong-kong-zhuhai-macau-bridge-mainland-connectivity-greater-bay-area-integration/.

Dal Lago, Enrico. 2009. "Second Slavery, Second Serfdom, and Beyond: The Atlantic Plantation System and the Eastern and Southern European Landed Estate System in Comparative Perspective, 1800–60." *Review (Fernand Braudel Center)* 32, no. 4: 391–420.

De Graaf, Lawrence B., Kevin Mulroy y Quintard Taylor, eds. 2001. *Seeking El Dorado: African Americans in California*. Seattle: University of Washington Press.

Descalzo Yuste, Eduardo. 2015. "La Compañía de Jesús en Filipinas (1581–1768): realidad y representación." Tesis doctoral, Universitat Autónoma de Barcelona. https://www.tdx.cat/bitstream/handle/10803/ 323096/edy1de1.pdf.

De Sousa Pinto, Paulo J. 2013. "Chinchéus and Sangleys: Ten Remarks on the Chinese Presence in Melaka and Manila (16th–17th centuries)." *Review of Culture* 43: 59–69.

DeWaard, Jack. 2015. "Beyond Group-threat: Temporal Dynamics of International Migration and Linkages to Anti-foreigner Sentiment." *Journal of Ethnic and Migration Studies* 41, no. 7: 1041–1067. http://dx.doi.org/10.1080/1369183X.2014.929940.

Dharmowijono, Widjajanti W. 2009. "Van koelies, klontongs en kapiteins: het beeld van de Chinezen in Indisch-Nederlands literair proza 1880–1950." Tesis doctoral, Universiteit van Amsterdam. UvA-DARE, http://hdl.handle.net/11245/2.69536.

Díaz-Trechuelo, María Lourdes. 1962. "Grabadores filipinos del siglo XVIII." Anuario de Estudios Americanos XIX: 277–306. http://hdl.handle.net/10261/99630.

Dirlik, Arif. 1998. *What is in a Rim? Critical Perspectives on the Pacific Region Idea.* 2da ed. Lanham: Rowman & Littlefield.

Elizalde, María Dolores, Josep M. Fradera y Luis Alonso, eds. 2001. *Imperios y naciones en el Pacífico.* Vol. 1, *La formación de una colonia: Filipinas.* Madrid: Asociación Espanola de Estudios del Pacífico; CSIC.

Eltis, David. 2004. "Free and Coerced Migrations: The Atlantic in Global Perspective." *European Review* 12, no. 3: 313–328.

———, ed. 2002. *Coerced and Free Migration: Global Perspectives.* Stanford: Stanford University Press.

———. 2002a. "Introduction: Migration and Agency in Global History." En Eltis 2002, 1–31.

———. 2002b. "Free and Coerced Migrations from the Old World to the New." En Eltis 2002, 34–74.

Emmer, Pieter C. 2004. "Freie und unfreie Migrationen über den Atlantik und die Abschaffung des Sklavenhandels, 1550–1850." En *Über die trockene Grenze und über das offene Meer: Binneneuropäische und transatlantische Migration im 18. und 19. Jahrhundert*, ed. Mathias Beer y Dittmar Dahlmann, 289–302. Essen: Klartext.

Escoto, Salvador P. 1999. "Expulsion of the Chinese and Readmission to the Philippines, 1764–1779." *Philippine Studies* 47, no. 1: 48–76.

Espinoza, José A. 1932. El ejemplo de Sonora. México, D.F.: [sin ed.].

Faist, Thomas. 2018. *The Transnationalized Social Question: Migration and the Politics of Social Inequalities in the Twenty-First Century*. Oxford: Oxford University Press.

Firmin, Anténor. 1998. *De l'Égalité des Races Humaines: (Anthropologie positive)*. Paris: Librairie cotillon, F. Pighon, successeur, imprimeur-éditeur, Libraire du Conseil d'État et de la Société de Législation comparée, 1885. Nueva ed. aumentada. Primera ed.

FitzGerald, David S. y David Cook-Martín. 2014. *Culling the Masses: The Democratic Origins of Racist Immigration Policy in the Americas*. Cambridge: Harvard University Press.

Flynn, Dennis O., Arturo Giráldez y James Sobredo, eds. 2001. *European Entry into the Pacific: Spain and the Acapulco-Manila galleons*. Aldershot: Variorum.

Flynn, Dennis O., Lionel Frost y A. J. H. Latham, eds. 1999. *Pacific Centuries: Pacific and Pacific Rim History since the Sixteenth Century*. London: Routledge.

———. 1999a. "Introduction: Pacific Centuries Emerging." En Flynn, Frost y Latham, 1–22.

Folch, Dolors. 2007. "Piratas y flotas de China según los testimonios castellanos del siglo XVI." En San Ginés Aguilar, 267–286.

García-Abásolo, Antonio. 2011. "Los chinos y el modelo colonial español en Filipinas." *Cuadernos de Historia Moderna* 10: 223–242. http://dx.doi. org/10.5209/rev_CHMO.2011.38678.

García de los Arcos, María Fernanda. 1999. "Grupos étnicos y clases sociales en las Filipinas de finales del siglo XVIII." *Archipel* 57, no. 2 (L'horizon nousantarien. Mélanges en hommage à Denys Lombard, vol. II): 55–71. https://doi.org/10.3406/arch.1999.3515.

García Encina, Edgar A. 2016. "El libro bellamente ilustrado: el caso México. Historia a manera de galería." Tesis doctoral, Universidad Complutense de Madrid. https://eprints.ucm.es/40096/1/T38008.pdf.

García Gimeno, Jorge. 2017. "Tiempos de cambios: La transformación del sistema comercial español en el Pacífico durante la crisis del imperio." *Mundo Histórico* Año 2017, no. 1: 172–199.

Gassama, Ibrahim J., Robert S. Chang y Keith Aoki. 1997. "Foreword: Citizenship and Its Discontents: Centering the Immigrant in the Inter/National Imagination (Part II)." *Oregon Law Review* 76, no. 2: 207–232.

Geggus, David P., ed. 2001. *The Impact of the Haitian Revolution in the Atlantic World*. Columbia: University of South Carolina Press.

Gil, Juan. 2011. *Los chinos en Manila, siglos XVI y XVIII*. Lisboa: Centro Científico e Cultural de Macau.

Glick Schiller, Nina y Noel B. Salazar. 2013. "Regimes of Mobility Across the Globe." *Journal of Ethnic and Migration Studies* 39, no. 2: 183–200.

Glick Schiller, Nina. 2012. "Transnationality, Migrants and Cities: A Comparative Approach." En Amelina, Nergiz, Faist y Glick Schiller, 23–40.

Glossary on Migration. 2011. (International Migration Law No. 25) Ed. Richard Perruchoud and Jillyanne Redpath-Cross. 2da ed. Geneva: International Organization for Migration. https://publications.iom.int/system/files/pdf/iml25_1.pdf.

Gómez, Alejandro E. 2006. "El síndrome de Saint-Domingue: Percepciones y sensibilidades de la Revolución Haitiana en el Gran Caribe (1791–1814)." *Caravelle* 86, no. 1 (L'Amérique latine et l'histoire des sensibilités): 125–155. https://doi.org/10.3406/carav.2006.2923.

Gómez Izquierdo, José J. 1988. "El movimiento antichino en México (1871–1934). Problemas del racismo y del nacionalismo durante la revolución mexicana." Tesis de diploma, UNAM.

González, Fredy (2017): *Paisanos Chinos: Transpacific Politics among Chinese Immigrants in Mexico*. Oakland: University of California Press.

González-Ripoll, María Dolores y Consuelo Naranjo Orovio, eds. 2004. *El Rumor de Haití en Cuba: Temor, Raza y Rebeldía, 1789–1844*. Madrid: CSIC.

Harris, Karen L. 2010. "Sugar and Gold: Indentured Indian and Chinese Labour in South Africa." *Journal of Social Sciences* 25, nos. 1–3: 147–158.

Herzog, Tamar. 2015. *Frontiers of Possession: Spain and Portugal in Europe and the Americas*. Cambridge: Harvard University Press.

Hirschman, Charles, Philip Kasinitz y Josh DeWind, eds. 1999. *The Handbook of International Migration: The American Experience*. New York: Russel Sage Foundation.

Hitzbleck, Kerstin. 2015. "Einleitung: Transformationen des Fremden im Spätmittelalter und in der Frühen Neuzeit." En *Die Erweiterung des 'globalen' Raumes und die Wahrnehmung des Fremden vom Mittelalter bis zur Frühen Neuzeit / L'extension de l'espace 'global' et la perception de l'Autre du Moyen Age jus-qu'à l'époque moderne*, ed. Kerstin Hitzbleck y Thomas Schwitter, 5–31. (Itinera: Beiheft zur Schweizerischen Zeitschrift für Geschichte, vol. 38) Basel: Schwabe.

Hobsbawm, Eric J. 1995. *The Age of Revolution: Europe 1789–1848*. London: Abacus. Originalmente publicado en 1962.

Hoerder, Dirk 2002. *Cultures in Contact: World Migrations in the Second Millennium*. Durham: Duke University Press.

Hu-Dehart, Evelyn. 2010. "Indispensable Enemy or Convenient Scapegoat? A Critical Examination of Sinophobia in Latin America and the Caribbean, 1870s to 1930s." En Look Lai y Tan, 65–102.

———. 2007. "La Trata Amarilla: The 'Yellow Trade' and the Middle Passage, 1847–1884." En Christopher, Pybus y Rediker, 166–183.

———. 1982. "Racism and Anti-Chinese Persecution in Sonora, Mexico 1876–1932." *Amerasia* 9, no. 2: 1–28.

Itkowitz, Colby. 2020. "CDC director rejects label 'Chinese virus' after Trump, McCarthy tweets." Washington Post, 10 de marzo 2020, https://www.washingtonpost.com/politics/cdc-director-rejects-label-chinese-virus-after-trump-mccarthy-tweets/2020/03/10/58bd086c-62e5-11ea-b3fc-7841686c5c57_story.html (accedido el 17 de marzo 2020).

James, Cyril L. R. 1980. *The Black Jacobins: Toussaint l'Ouverture and the San Domingo Revolution*. London: Allison & Busby. Nueva ed. revisada. Originalmente publicado en 1938.

Jung, Moon-Ho. 2006. *Coolies and Cane: Race, Labor, and Sugar in the Age of Emancipation*. Baltimore: Johns Hopkins University Press.

Kanazawa, Mark. 2005. "Immigration, Exclusion, and Taxation: Anti-Chinese Legislation in Gold Rush California." *The Journal of Economic History* 65, no. 3 (September): 779–805.

Kemasang, A. R. T. 1982. "The 1740 Massacre of Chinese in Java: Curtain Raiser for the Dutch Plantation Economy." *Bulletin of Concerned Asian Scholars* 14, no. 1 (January–March): 61–71.

Kossok, Manfred. 1985. "El ciclo de las revoluciones burguesas españolas en el siglo XIX: Problemas de investigación e interpretación a la luz del método comparativo." En *La Revolución Burguesa en España*, ed. Alberto Gil Novales, 11–32. Madrid: Universidad Complutense.

Kraus, George. 1969. "Chinese Laborers and the Construction of the Central Pacific." *Utah Historical Quarterly* 37, no. 1 (Winter) (commemorative issue "The Last Spike is Driven" ed. by the National Golden Spike Centennial Commission): 41–57.

Kriesi, Hanspeter. 2004. "Political Context and Opportunity." En *The Blackwell Companion to Social Movements*, ed. David A. Snow, Sarah Anne Soule y Hanspeter Kriesi, 67–90. 2da ed. Malden: Blackwell Publishers.

Kueh, Joshua Eng Sin. 2014. "The Manila Chinese. Community, Trade and Empire, c. 1570 – c. 1770." Tesis doctoral, Georgetown University, Washington. https://repository.library.georgetown.edu/bitstream/handle/10822/712443/Kueh_georgetown_0076D_12743.pdf.

Kuhn, Philip A. 2008. *Chinese Among Others: Emigration in Modern Times*. Lanham: Rowman & Littlefield.

Kumar Mishra, Amit. 2009. "Indian Indentured Labourers in Mauritius: Reassessing the 'New System of Slavery' vs Free Labour Debate." *Studies in History* 25, no. 2: 229–251. https://doi.org/10.1177/02576430100 2500203.

Kung, James Kai-Sing y Chicheng Ma. 2014. "Autarky and the Rise and Fall of Piracy in Ming China." *The Journal of Economic History* 74, no. 2 (June): 509–534. https://doi.org/10.1017/S0022050714000345.

Kunimoto, Iyo. 2009. "La negociación del Tratado de Amistad, Comercio y Navegación de 1888 y su significado histórico." *Revista Mexicana de Política Exterior* 86 (marzo–junio): 91–100.

Lai, Him Mark. 2004. *Becoming Chinese American: A History of Communities and Institutions*. Walnut Creek: AltaMira Press.

Lal, Brij V. 1996. "The Odyssey of Indenture: Fragmentation and Reconstitution in the Indian Diaspora." *Diaspora: A Journal of Transnational Studies* 5, no. 2 (Fall): 167–188. https://doi.org/10.1353/dsp.1996.0012.

Lau-Fong, Mak y Him Mark Lai. 1992. "Occupational Structures of Chinese Immigrants in Early Malaya and North America." *Southeast Asian Journal of Social Science* 20, no. 1: 43-66.

Lausent Herrera, Isabelle. 2011. "The Chinatown in Peru and the Changing Peruvian Chinese Community(ies)." *Journal of Chinese Overseas* 7, no. 1: 69–113. https://doi.org/10.1163/179325411X565416.

———. 1994. "Les Chinois du Pérou: une identité reconstruite." *Journal de la Société des Américanistes* 80: 169–183. https://doi.org/10.3406/jsa. 1994.1530.

Laviña, Javier y Michael Zeuske, eds. 2014. *The Second Slavery: Mass Slaveries and Modernity in the Americas and in the Atlantic*. Münster: LIT-Verlag.

Lee, Erika. 2003. *At America's Gates: Chinese Immigration During the Exclusion Era, 1882–1943*. Chapel Hill: University of North Carolina Press.

Lee, Erika y Judy Yung. 2010. *Angel Island: Immigrant Gateway to America*. New York: Oxford University Press.

León-Manríquez, José Luis y Eduardo Tzili Apango. 2015. "México y Asia Pacífico: proximidades y distancias de una dilatada relación / Mexico and Asia-Pacific: proximities and distances of a long relationship." *Revista CIDOB d'Afers Internacionals* 110 (Relaciones Interregionales: Transatlánticas, Transpacíficas y Trans Euroasiáticas) (Septiembre): 113–139.

Lesser, Jeffrey. 1999. *Negotiating National Identity: Immigrants, Minorities, and the Struggle for Ethnicity in Brazil*. Durham: Duke University Press, 1999.

Lew-Williams, Beth. 2018. *The Chinese Must Go: Violence, Exclusion, and the Making of the Alien in America*. Cambridge/London: Harvard University Press.

Lin, Renchuan. 1990. "Fukien's Private Sea Trade in the 16th and 17th Centuries." En *Development and Decline of Fukien Province in the 17th and 18th Centuries*, ed. Eduard B. Vermeer, 163–215. Leiden: Brill.

Ling, Huping. 1998. *Surviving the Gold Mountain: A History of Chinese American Women and Their Lives*. Albany: State University of New York Press.

Look Lai, Walton y Chee-Beng Tan, eds. 2010. *The Chinese in Latin America and the Caribbean*. Leiden: Brill.

Look Lai, Walton. 2010. "Introduction: The Chinese in Latin America and the Caribbean." En Look Lai y Tan, 1–3.

———. 2009. "Asian Diasporas and Tropical Migration in the Age of Empire: A Comparative Overview." *Journal of Chinese Overseas* 5, no. 1: 28–54.

———. 2002. "Asian contract and free migrations to the Americas." En Eltis (2002), 229–258.

López, Kathleen. 2013. *Chinese Cubans: A Transnational History*. Chapel Hill: The University of North Carolina Press.

———. 2004. "'One Brings Another': The Formation of Early-Twentieth-Century Chinese Migrant Communities in Cuba." En Wilson, 93–127.

Lucassen, Jan y Leo Lucassen. 2009. "The Mobility Transition Revisited, 1500–1900: What the Case of Europe Can Offer to Global History." *Journal of Global History* 4, no. 3: 347–377. https://doi.org/10.1017/S174002280999012X.

Lucassen, Jan, Leo Lucassen y Patrick Manning. 2010. "Migration History: Multidisciplinary Approaches." En *Migration History in World History: Multidisciplinary Approaches*, ed. Jan Lucassen, Leo Lucassen y Patrick Manning, 3–35. Leiden: Brill.

Lyman, Stanford M. 1964. "Chinese Secret Societies in the Occident: Notes and Suggestions for Research in the Sociology of Secrecy." *Canadian Review of Sociology & Anthropology* 1, no. 2: 79–102.

Machuca Chávez, Claudia P. 2009. "El alcalde de los chinos en la provincia de Colima durante el siglo xvii: Un sistema de representación en torno a un oficio." *Letras Históricas* 1 (Otoño–Invierno): 95–115.

Mallari, Francisco. 1989. "The Spanish Navy in the Philippines, 1589–1787." *Philippine Studies* 37, no. 4 (Fourth Quarter): 412–439.

Marques, Leonardo. 2016. "The Contraband Slave Trade of the Second Slavery." En Tomich, 173–198.

Marquiegui, Dedier N. 1994. "Migración en cadena, redes sociales y movilidad: Reflexiones a partir de los casos de los sorianos y albaneses de Luján (Buenos Aires, Argentina), 1889–1920." *Estudios Interdisciplinarios de América Latina y el Caribe* 5, no. 1. http://eial.tau.ac.il/index.php/ eial/article/view/1230.

Martín, Juan L. 1939. *De dónde vinieron los chinos de Cuba: Los jaca, los joló, los puntí y los amoyanos en la vida cubana. Con un apéndice sobre las ideas morales de Cuba.* La Habana: Atalaya.

Martínez, María-Elena. 2008. *Genealogical Fictions: Limpieza de Sangre, Religion, and Gender in Colonial Mexico.* Stanford: Stanford University Press.

Matsuda, Matt K. 2012. *Pacific Worlds: A History of Seas, Peoples, and Cultures.* Cambridge: Cambridge University Press.

McClain, Charles J. 1994. *In Search of Equality: The Chinese Struggle Against Discrimination in Nineteenth-Century America.* Berkeley: University of California Press.

McClain, Charles J. y Laurene Wu McClain 1991. "The Chinese Contribution to the Development of American Law." En Chan, 3–24.

McKeown, Adam. 2008. *Melancholy Order: Asian Migration and the Globalization of Borders.* New York: Columbia University Press.

———. 2004. "Global Migration, 1846–1940." *Journal of World History* 15, no. 2 (June): 155–189. https://doi.org/10.1353/jwh. 2004.0026.

———. 2001. *Chinese Migrant Networks and Cultural Change: Peru, Chicago, Hawaii, 1900–1936.* Chicago: University of Chicago Press.

McLeman, Robert, Jeanette Schade y Thomas Faist, eds. 2016. *Environmental Migration and Social Inequality.* Heidelberg: Springer.

Meagher, Arnold J. 2008. *The Coolie Trade: The Traffic in Chinese Laborers to Latin America 1847–1874*. Ed. revisada [Bloomington]: Xlibris.

Meyers Konversations-Lexikon: Eine Enzyklopädie des allgemeinen Wissens. 1890. Vol. 9, *Irideen-Königsgrün*. 4ta ed. completamente revisada. Leipzig: Verlag des Bibliographischen Instituts. https://ia800201.us.archive.org/2/items/meyerskonversati09meye/meyerskonversati09meye.pdf.

Montes Romero-Camacho, Isabel. 2008. "El problema converso: Una aproximación historiográfica (1998–2008)." *Medievalismo* 18: 109–247. https://revistas.um.es/medievalismo/article/view/91661.

Morales Martínez, Alfredo J. 2016. "Cartografía y cartografía simbólica: Las 'Theses de Mathematicas, de Cosmographia e Hidrographia' de Vicente De Memije." *Varia Historia, Belo Horizonte* 32, no. 60 (set/dez): 669–696. http://dx.doi.org/10.1590/0104-87752016000300005.

Munford, Clarence J. y Michael Zeuske. 1988. "Black Slavery, Class Struggle, Fear and Revolution in St. Domingue and Cuba." *The Journal of Negro History* 73, no. 1 (Winter–Autumn): 12–32.

Mungello, David E. 2009. *The Great Encounter of China and the West, 1500–1800*. 3ra ed. Lanham: Rowman & Littlefield.

Munro, Martin y Elizabeth Walcott-Hackshaw, eds. 2006. *Re-interpreting the Haitian Revolution and its Cultural Aftershocks*. Kingston: University of the West Indies Press.

Ng, Rudolph. 2014. "The Chinese Commission to Cuba (1874): Reexamining International Relations in the Nineteenth Century from a Transcultural Perspective." *The Journal of Transcultural Studies* 2: 39–62. https:// doi.org/10.11588/ts.2014.2.13009.

Ngai, Mae M. 2005. *Impossible Subjects: Illegal Aliens and the Making of Modern America*. 4ta impresión. 1ra impresión en tapa blanda. Princeton: Princeton University Press.

Olaya, Iván. 2018. "La selección del inmigrante 'apto': leyes migratorias de inclusión y exclusión en Colombia (1920–1937)." *Nuevo Mundo / Mundos Nuevos* (online) (Questions du temps présent). Publicado el 10 de diciembre. https://doi.org/10.4000/nuevomundo.73878.

Ollé, Manel. 2013. "El Imperio chino ante los ibéricos de Asia Oriental." En *Las vecindades de las Monarquías Ibéricas*, ed. José J. Ruiz Ibáñez, 313–332. Madrid: Fondo de Cultura Económica.

———. 2013a. "La proyección de Fujian en Manila: Los sangleyes del Parián y el comercio de la nao de China." En *Un océano de seda y plata: El universo económico del Galeón de Manila*, ed. Salvador Bernabéu Albert y Carlos Martínez Shaw, 155–178. Sevilla: CSIC.

———. 2009. "Manila in the Zheng Clan Maritime Networks." *Revista de Cultura / Review of Culture* 29: 90–104.

———. 2007. "La formación del Parián de Manila: La construcción de un equilibrio inestable." En San Ginés Aguilar, 27–49.

———. 2002. *La Empresa de China: De la Armada Invencible al Galeón de Manila*. Barcelona: Quaderns Crema.

Ordover, Nancy. 2011. "Johnson-Reed Act (the 1924 National Origins Act, or the Immigration Act of 1924)." En *Anti-Immigration in the United States: A Historical Encyclopedia*, ed. Kathleen R. Arnold, vol. 1, 301–302. Santa Barbara: Greenwood.

Oropeza Keresey, Déborah. 2011. "La esclavitud asiática en el Virreinato de la Nueva España, 1565–1673." *Historia Mexicana* 6, no. 1 (julio–septiembre): 5–57.

———. 2007. "Los 'indios chinos' en la Nueva España: la inmigración de la nao de China, 1565–1700." Tesis doctoral, El Colegio de México.

Ou, Hsin-yun. 2009. "Mark Twain's Racial Concepts in Relation to the Chinese." Ponencia presentada en Zhong Shan University, Guangdong, China. Publicado por la National University of Kaohsiung. https://ir.nuk.edu.tw/bitstream/310360000Q/10766/2/2009%E4%B8%AD%E5%B1%B1%E6%9C%83%E8%AD%B0%E8%AB%96%E6%96%87Mark%20Twain%27s%20Racial%20Concepts.doc.

Ownby, David. 1993. "Chinese *Hui* and the Early Modern Social Order: Evidence from Eighteenth Century Southeast China." En *Secret Societies Reconsidered: Perspectives on the Social History of Modern South China and Southeast Asia*, ed. David Ownby y Mary Somers Heidhues, 34–67. Armonk: M. E. Sharpe.

Peffer, George A. 1986. "Forbidden Families: Emigration Experiences of Chinese Women under the Page Law, 1875–1882." *Journal of American Ethnic History* 6, no. 1 (Fall): 28–46.

Pérez de la Riva, Juan. 2000. *Los culíes chinos en Cuba (1847–1874): Contribución al estudio de la inmigración contratada en el Caribe*. La Habana: Ciencias Sociales.

Phelan, John L. 2011. *The Hispanization of the Philippines: Spanish Aims and Filipino Responses, 1565–1700*. Madison: The University of Wisconsin Press. Originalmente publicado en 1959.

Portes, Alejandro. 1999. "Immigration Theory for a New Century: Some Problems and Opportunities." En Hirschman, Kasinitz y DeWind, 21–33.

Pratt, Mary L. 2008. *Imperial Eyes: Travel Writing and Transculturation*. 2da ed. London: Routledge.

Preen, Mark. 2019. "What is the Greater Bay Area Plan?" *China Briefing*, February 21. https://www.china-briefing.com/news/the-greater-bay-area-plan-china.

Provine, Doris M. 2013. "Institutional Racism in Enforcing Immigration Law." *Norteamérica* 8 (Supplement): 31–53.

Ptak, Roderich, ed. 1987. *Portuguese Asia: Aspects in History and Economic History (Sixteenth and Seventeenth Centuries)*. Stuttgart: Franz Steiner.

Rahn Phillips, Carla. 2007. "The Organization of Oceanic Empires: The Iberian World in the Habsburg Period." En *Seascapes: Maritime Histories, Littoral Cultures, and Transoceanic Exchanges*, ed. Jerry H. Bentley, Kären Wigen y Renate Bridenthal, 71–88. Honolulu: University of Hawai'i Press.

Rediker, Marcus, Cassandra Pybus y Emma Christopher. 2007. "Introduction." En Christopher, Pybus y Rediker, 1–19.

Rodríguez Pastor, Humberto. 2005. "Abolición de la esclavitud en el Perú y su continuidad." *Investigaciones Sociales* 9, no. 15: 441–456. https://doi.org/10.15381/is.v9i15.7008.

Ruiz-Stovel, Guillermo. 2009. "Chinese Merchants, Silver Galleons, and Ethnic Violence in Spanish Manila, 1603–1686." *Análisis* 12, no. 36 (septiembre–diciembre): 47–63.

Russell-Wood, A. J. R. 1992. *The Portuguese Empire, 1415–1808: A World on the Move*. Baltimore: Johns Hopkins University Press.

Sales-Colín Kortajarena, Ostwald. 2016. "Sangleyes en Manila: Algunas percepciones de las autoridades capitalinas, 1603–1630." *México y la Cuenca del Pacífico* 5, no. 13: 89–113. http://www.scielo.org.mx/scielo.php?script=sci_arttext&pid=S2007-53082016000100089&lng=es&tlng=es.

San Ginés Aguilar, Pedro, ed. 2007. *La Investigación sobre Asia Pacífico en España: Granada 2006*. (Colección Española de Investigación sobre Asia Pacífico, 1) Granada: Editorial Universidad de Granada. https:// www.ugr.es/~feiap/ceiap1/ceiap/ceiap1.pdf.

Schmale, Wolfgang. 2004. "Europa, Braut der Fürsten: Politische Relevanz des Europamythos im 17. Jahrhundert." En *Europa im 17. Jahrhundert: Ein politischer Mythos und seine Bilder*, ed. Klaus Bussmann y Elke Anna Werner, 241–267. Stuttgart: Franz Steiner Verlag.

Schrecker, John. 2010. "'For the Equality of Men – For the Equality of Nations': Anson Burlingame and China's First Embassy to the United States, 1868." *Journal of American-East Asian Relations* 17, no. 1: 9–34.

Schurtz, William L. 1992. *El galeón de Manila*. Madrid: Ediciones de Cultura Hispánica. Originalmente publicado en 1939 como *The Manila Galleon*.

Seijas, Tatiana. 2014. *Asian Slaves in Colonial Mexico: From Chinos to Indians*. New York: Cambridge University Press. https://doi.org/10.1017/ CBO9781107477841.

———. 2008. "Transpacific Servitude: The Asian Slaves of Mexico, 1580–1700." Tesis doctoral, Yale University. UMI Microform 3342671. Ann Arbor: UMI Dissertation Publishing, ProQuest LLC, [2009].

Seijas, Tatiana y Pablo M. Sierra Silva. 2016. "The Persistence of the slave market in seventeenth-century Central Mexico." *Slavery & Abolition* 37, no. 2: 307–333. https://doi.org/10.1080/0144039X.2015.1121 024.

Shah, Nayan. 2001. *Contagious Divides: Epidemics and Race in San Francisco's Chinatown*. Berkeley: University of California Press.

Sinn, Elizabeth. 2013. *Pacific Crossing: California Gold, Chinese Migration, and the Making of Hong Kong*. Hong Kong: Hong Kong University Press.

Shoichet, Catherine E. 2020. "What historians hear when Trump calls coronavirus 'Chinese' and 'foreign'." CNN, 17 de marzo 2020. https://www.cnn.com/2020/03/12/us/disease-outbreaks-xenophobia-history/index.html (accedido el 17 de marzo 2020).

Slack Jr., Edward R. 2010. "Sinifying New Spain: Cathay's Influence on Colonial Mexico via the Nao de China." En Look Lai y Tan, 7–31.

Somers Heidhues, Mary. 2009. "1740 and the Chinese Massacre in Batavia: Some German Eyewitness Accounts." *Archipel* 77: 117–147. https://doi.org/10.3406/arch.2009.4127.

Speer, William. 1870. *The Oldest and the Newest Empire: China and the United States*. Hartford: S. S. Scranton; Philadelphia: Parmelee; San Francisco: H. H. Bancroft.

Stahler, Michael L. 1970. "William Speer: Champion of California's Chinese, 1852–1857." *Journal of Presbyterian History* (1962–1985) 48, no. 2 (Summer): 113–129.

Stern, Steve J., ed. 1987. *Resistance, Rebellion, and Consciousness in the Andean Peasant World: 18th to 20th Centuries*. Madison: University of Wisconsin Press.

Stinchcombe, Arthur L. 1994. "Class Conflict and Diplomacy: Haitian Isolation in the 19th-Century World System." *Sociological Perspectives* 37, no. 1 (Spring): 1–23.

Sugaya, Nariko. 2007. "Chinese Immigrants in the Spanish Philippines: Looking Through the Story of Hay Bing or Juan Imbin of Taal, Batangas." *愛媛大学法文学部論集. 人文学科編.* (Faculty of Law and Humanities of the University of Ehime, Japan) 23: 49–62. Publicado el 28 de septiembre. http://iyokan.lib.ehime-u.ac.jp/dspace/handle/iyokan/3920.

———. 1994. "The Expulsion of the Non-Christian Chinese in the Mid-18th Century Philippines: Its Relevance to the Rise of Chinese

Mestizos." En *The Ethnic Chinese*, ed. Teresita Ang See y Bon Juan Go, 111–119. Manila: Kaisa Para Sa Kaunlaran.

T'ien, Ju-k'ang. 1989. "The Chinese Junk Trade: Merchants, Entrepreneurs, and Coolies 1600–1850." En *Maritime Aspects of Migration*, ed. Klaus Friedland, 381–396. Cologne: Böhlau.

Todorov, Tzvetan. 2010. *La conquista de América: El problema del otro*. Traducido por Flora Botton Burlá. Madrid: Siglo XXI de España Editores.

Tomich, Dale W., ed. 2016. *The Politics of the Second Slavery*. Albany: State University of New York Press.

———. 2016a. "Civilizing America's Shore: British World-Economic Hegemony and the Abolition of the International Slave Trade (1814–1867)." En Tomich (2016), 1–24.

Tomich, Dale y Michael Zeuske, eds. especiales. 2008. *The Second Slavery: Mass Slavery, World-Economy, and Comparative Microhistories*. Part I (Special Issue). *Review (Fernand Braudel Center)* 31, no. 2.

Tremml-Werner, Birgit. 2015. *Spain, China, and Japan in Manila, 1571–1644: Local Comparisons and Global Connections*. Amsterdam: Amsterdam University Press.

Trouillot, Michel-Ralph. 1995. *Silencing the Past: Power and the Production of History*. Boston: Beacon Press.

Twain, Mark. 2010. "The Treaty With China: Its Provisions Explained." *Journal of Transnational American Studies* 2, no. 1. https://escholarship. org/uc/item/2r87m203. Originalmente publicado en 1868.

Valdés Lakowsky, Vera. 1987. *De las minas al mar: Historia de la plata mexicana en Asia, 1565–1834*. México, D.F.: Fondo de Cultura Económica.

———. 1983. "México y China: del Galeón de Manila al primer tratado de 1899." *Estudios de Historia Moderna y Contemporánea de México* 9: 9–19. http://www.historicas.unam.mx/moderna/ehmc/ehmc09/107.html.

Valladares, Rafael. 2001. *Castilla y Portugal en Asia: Declive imperial y adaptación*. Leuven: Leuven University Press.

Vega Loyola, José J. 2017. "Asiáticos en Lima de inicios del siglo xvii." En *Relaciones intercoloniales: Nueva España y Filipinas*, ed. Jaime Olveda, 221–242. Zapopan: El Colegio de Jalisco.

Velázquez Morales, Catalina. 2009. "Xenofobia y racismo: Los comités antichinos en Sonora y Baja California, 1924–1936." *Meyibó Nueva Época* 1: 43–81.

Wang, Gungwu. 1990. "Merchants Without Empire: The Hokkien sojourning communities." En *The Rise of Merchant Empires: Long-distance Trade in the Early Modern World, 1350–1750*, ed. James D. Tracy, 402–408. Cambridge: Cambridge University Press.

Wang, L. Ling-Chi. 2008. "'The Oldest and the Newest Empires': U.S.-China Relations Today." *U.S.-China Media Brief*. http://www.uschinamediabrief.com/ee_empires.shtml.

Warren, James F. 2007. *The Sulu Zone, 1768–1898: The Dynamics of External Trade, Slavery, and Ethnicity in the Transformation of a Southeast Asian Maritime State*. 2da ed. Singapur: NUS Press.

Werner, Michael y Bénédicte Zimmermann. 2006. "Beyond Comparison: Histoire Croisée and the Challenge of Reflexivity." *History and Theory* 45: 30–50.

Wickberg, Edgar. 2001. *The Chinese Mestizo in Philippine History*. Manila: Kaisa Para Sa Kaunlaran.

———. 1997. "Anti-Sinicism and Chinese Identity Options in the Philippines." En Chirot y Reid, 153–183.

Wills Jr., John E. 2014. "A Very Long Early Modern? Asia and Its Oceans, 1000–1850." *Pacific Historical Review* 83, no. 2 (May) (Special Issue *Conversations on Transpacific History*, ed. Lon Kurashige, Madeline Hsu y Yujin Yaguchi): 189–203.

Wilson, Andrew R., ed. 2004. *The Chinese in the Caribbean*. Princeton: Markus Wiener.

Windus, Astrid y Eberhard Crailsheim, eds. 2013. *Image – Object – Performance: Mediality and Communication in Cultural Contact Zones of Colonial Latin America and the Philippines*. Münster: Waxmann.

Wong, Edlie L. 2015. *Racial Reconstruction: Black Inclusion, Chinese Exclusion, and the Fictions of Citizenship*. New York: New York University Press.

Yankelevich, Pablo. 2004. "Extranjeros indeseables en México (1911–1940): Una aproximación cuantitativa a la aplicación del artículo 33 constitucional." *Historia Mexicana* 53, no. 3: 693–744.

Yoo, David K. y Eiichiro Azuma, eds. 2016. *The Oxford Handbook of Asian American History*. Oxford: Oxford University Press.

Young, Elliott. 2014. *Alien Nation: Chinese Migration in the Americas From the Coolie Era Through World War II*. Chapel Hill: University of North Carolina Press.

Yu, Henry S. N. 2017. "Chinese Migrations." En *A Companion to Chinese History*, (Wiley Blackwell Companions to World History) ed. Michael Szonyi, 343–359. Hoboken: John Wiley & Sons.

Yun, Lisa. 2008. *The Coolie Speaks: Chinese Indentured Laborers and African Slaves in Cuba*. Philadelphia: Temple University Press.

Yung, Judy, Gordon H. Chang y Him Mark Lai, eds. 2006. *Chinese American Voices: From the Gold Rush to the Present*. Berkeley: University of California Press.

Yuste López, Carmen. 2007. *Emporios transpacíficos: Comerciantes mexicanos en Manila, 1710–1815*. México, D.F.: UNAM.

Zapata-Barrero, Ricard. 2018. "Rejoinder: Multiculturalism and Interculturalism: Aalongside But Separate." *Comparative Migration Studies* 6, no. 20. https://doi.org/10.1186/s40878-018-0090-6.

Zehr, Martin. 2010. "Mark Twain, 'The Treaty with China,' and the Chinese Connection." *Journal of Transnational American Studies* 2, no. 1, article 18. https://escholarship.org/uc/item/5t02n321.

Zesch, Scott. 2008. "Chinese Los Angeles in 1870–1871: The Makings of a Massacre." *Southern California Quarterly* 90, no. 2 (Summer): 109–158.

Zeuske, Michael. 2013. *Handbuch Geschichte der Sklaverei: Eine Globalgeschichte von den Anfängen bis zur Gegenwart*. Berlin: De Gruyter.

Zolberg, Aristide R. 1999. "Matters of State: Theorizing Immigration Policy." En Hirschman, Kasinitz y DeWind, 71–93.

Zúñiga, Jean-Paul 1999. "La voix du sang: du métis à l'idée de métissage en Amérique espagnole." *Annales* 54, no. 2: 425–52.